Rodulfo González

CUITAS A LA AMADA

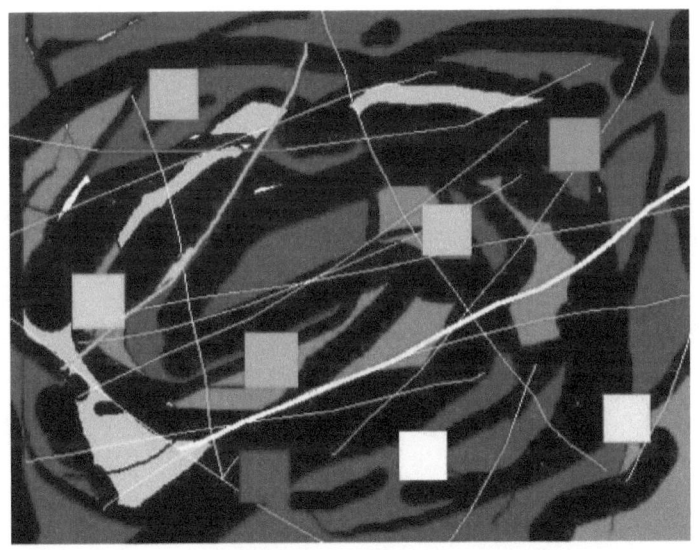

Estado Nueva Esparta, Venezuela, Julio de 2018

ISBN: 9781670144799

Producción: Centro de Investigaciones
Culturales Neoespartanas
(CICUNE)
cicune@gmail.com

Portada: Jhosué José Fernández Rodulfo

cicune.org

DEDICATORIA:

A las que me amaron y no amé, pocas.
A las que amé y no me amaron, muchas.
A las amadas virtuales.
A las amadas fílmicas.
A las amadas literarias.

Contenido

EL AUTOR 13

PÓRTICO 15

Cuitas 17

ELOGIOS 19

EPITAFIO 21

EPITAFIO 22

LAGAR 23

OFICIOS 25

INGENUIDADES 27

PESCADOR 28

MOLINERA 30

COLOFÓN 32

NAVE 34

AMADA 35

GRIAL 36

MARABAL 38

SINCERIDAD 42

AMOR 43

ZAGALA 45

VICTORIA 47

ALARIFE 49

RÍO 52

MENTALIZACIÓN 54

POETAS 56

MAR 58

PLATERO 60

GELIDEZ 62

MANANTIAL 63

ENCANTAMIENTO 64

ENCALLADO 65

FANTASMAS I 67

DADIVOSIDAD 69

LLANTO 71

PASIONARIA 73

HUMILDAD 75

BÍBLICAS 77

CREER 79

MUNIFICENCIA 81

VÓRTICE 83

PRISIONERO 85

HÁBLAME 87

LÈEME 89

ENVIDIA 91

VIDA 93

LECHOSA 95

KARMAS 97

POESÍA 99

FRAGANCIA 101

YOMO 102

OLVIDO 105

LLORAR 107

LUMBRE 109

ASOMBRO.. 111

CELOPATÍA... 113

HAMBRE 115

SECRETUD.. 117

PERDONAR 119

IMPAVIDEZ 122

PRODIGIO II 123

ARTISTA 125

RUTH.. 127

MARÍA... 129

BELLEZA 132

DIOSA 134

LOCURA 135

MARINERÍAS 137

ABSURDIDAD 139

LANGUIDEZ... 141

AMISTAD 143

SELMA... 145

SILENCIO 146

SUERTE 148

CITA 150

MUERTE... 152

ENVIDIA II 154

SEGUIRÉ.. 156

OTRO 158

ESPERAR 160

TIEMPO.. 161

MELANCOLÍA 163

FLORA 164

DIANA 166

BOLERO 168

REINA.. 170

EL AUTOR

Eladio Rodulfo González, quien firma su producción periodística y de todo género con los dos apellidos, nació en el caserío Marabal, hoy en día parroquia homónima del Municipio Mariño del Estado Sucre, Venezuela, el 18 de febrero de 1935. Es licenciado en Periodismo, poeta, trabajador social e investigador cultural.

El 15 de abril de 1997 creó el Centro de Investigaciones Culturales Neoespartanas (CICUNE).

Antes de esta obra poética publicó los poemarios *Cuarta Antología de Poemas Comentados y Destacados*, *Tristeza y alegría*, *¡Cómo dueles, Venezuela!*, *Primera Antología de Poemas Comentados y Destacados*, *Poemas Disparatados*, *Poemas Comentados*, *Prosa Digital Escogida*, *La Niña de El Samán*, *Cien Sonetillos*, *Poesía Política*, *Elegía a mi Hermana Alcides*, *La Niña de Marabal*, *Segunda Antología de Poemas Comentados y Destacados*, *Tercera Antología de Poemas Comentados y*

Destacados y los trípticos literarios *A Briceida en Australia, Colorido* y *Divagaciones*.

PÓRTICO

La realidad y la ficción se mezclan en estas cuitas a una amada ideal que me sirve de comodín literario para liberar de mi memoria ese río de poesía que lucha para salir de su prisión encantada y trajinar los confines de todo el universo en ese autobús lírico que tiene el don de la ubicuidad.

No quiere mi prosa poética acompañarme con la parca, cuando llegue el momento de la partida, al ignoto inframundo que no tiene pasaje de regreso.

Lo mismo ocurre con mi poesía en verso o libre. O en textos no poéticos, que abundan en mi quehacer intelectual.

Cuitas

ELOGIOS
A Mirimarit

Yo sabía perfectamente, amada, porque me lo
habían dicho, en instantes de extrema
sinceridad, los inteligentes duendes y fantasmas
amistosos que, contigo, habitan mi vetusto
castillo de sueños, que mis poemas –en prosa o
en verso-, gélidos como las aguas glaciales,
vacuos cual el infernal y enano cerebro de los
sátrapas, e intrascendentes como los discursos
políticos de quienes con su insaciable
dipsomanía de riqueza fácil y abundante nos han
privado del pan de cada día para mantener
incólumes sus privilegios antinaturales. Eran
meras parrafadas informes e inorgánicas que
ningún mensaje transmitían ni provocaban
ninguna emoción, sencillamente porque carecía
de talento poético y mis conocimientos
gramaticales rayaban en lo rudimentario.

Aún así, cielo mío, ciega de amor por mí y
privada de razón por el dardo que Cupido -¡Tan
buena gente él!- clavó para siempre en tu
corazón, viste en esos párrafos tan mal escritos,
por darle algún nombre, valores estéticos de los

19

que realmente carecía, sólo para animarme e impedir que el morbo de la frustración se incrustara en mi vida y se tradujera, sin proponérmelo, en depresión, ese terrible estado de ánimo que nos aleja de la vida y nos acerca a la muerte, como tan sabiamente lo dijera el maestro Arístides Bastidas.

Tú, amada mía, sabes más que nadie, porque estás integrada a mí, que soy una persona extremadamente débil, incapaz, por tanto, de enfrentarme valientemente a nada que afecte mi sanidad.

He allí, bien mío, el origen de tu solidaridad mecánica hacia el ser amado, aunque en ella vaya inserta una mentira blanca, que al fin y al cabo me hace feliz, dándome la sensación de que de veras soy poeta, que es lo que ves en mí, puesto que sabes que es lo que quiero ser para cantar mis imaginarias proezas e idealizar tu mirífica belleza.

Y yo me pregunto, amada, ¿Podrá la fuerza de tus elogios obrar el milagro de hacerme aeda, que era el nombre que le daban los griegos al poeta?

EPITAFIO

Con tu menuda y trazada letra, amada,
deberás escribir en la lápida que colocarás en mi
humilde tumba de olvidado de la fortuna
material el siguiente

EPITAFIO

-Aquí yace mi amado, el marabalero que quiso ser poeta, radiotécnico y doctor; el que amó a Platero, el frágil y cariñoso confidente de Juan Ramón Jiménez; a Chico Carlo, el amigo de la infancia de Juana de Ibarbourú; al Principito que encontró Antoine de Saint Exuperi en el desierto y luego idealizó; a Selma, la eterna amante de "Alas rotas", de Gibran Khalil Gibran y a la poesía mirífica de Gabriela Mistral; el que admiró a Salvador Allende y sintió repulsa por el sátrapa Augusto Pinochet; el que galopó en los caballos de mar del poeta Francisco Lárez Granado y el que siempre hizo lo que no programó.

LAGAR

Tus menudos y delicados pies de princesa, amada, y los míos de labrador, rústicos y ordinarios, bailaron incesantemente con el melodioso canto de un turpial de ufano porte, sobre las frágiles uvas lilas y glaucas, recién cosechadas, para extraerles el dulce y generoso zumo que transmutamos en vino bienhechor el cual libamos, hasta embriagarnos amorosamente, como ofrenda de gratificación a la madre tierra, por ser tan generosa; al agua, por nutrir las vides durante todo el mirífico proceso de crecimiento, y al sol por darle la exacta maduración al fruto, final feliz de una esperanzadora jornada agrícola meses atrás.

Inexpertos como lo éramos, amada, en el arado de la tierra para someterla y arrancarle el prodigioso premio vital escondido en sus entrañas, sabíamos que con tenacidad ilímite, paciencia suprema y aprendizaje permanente podíamos domeñarla, amistarnos con ella, para así cosechar el fruto que luego, en festivo ritual,

23

comimos y sorbimos golosamente hasta
extasiarnos, calmadas ya nuestra sed nuestra
hambre.

Esta tierra, amada, escogida al azar para cultivar
nuestras vides, no era ubérrima; sin embargo, la
amorosa dedicación que le ofrendamos hizo el
milagro de la abundante fructificación.

OFICIOS

Te lo juro, amada, que si de mi voluntad única hubiera dependido la determinación suma de cuanto sería mi vida como oficiante, muy distinto sería mi destino, pues ninguna de las mil actividades laborales que he realizado para subsistir guarda relación lo que quise realmente hacer, ya que he aterrizado en ellas cual avión sin rumbo.

Yo hubiera querido ser, por ejemplo, carretero para hacer largos viajes en rutas asaz conocidas, seguro de que a mi regreso tú me esperarías, amada, en la puerta de nuestra humilde vivienda, con los brazos abiertos y una sonrisa delatadora de la felicidad de la felicidad derivada de un evento, que no por rutinario, deja de ser encantador y fascinante para ambos, que medimos la intensidad de nuestro amor con la vara de la gratificación espiritual que nos depara, desechando la banalidad de lo efímero material.

O también, amada, jardinero para cuidar, celosamente, ese don de las plantas florales, de todos los colores y perfumes que la naturaleza, inmerecidamente, ofrendó al hombre, su peor enemigo. O podría haber sido labrador para compenetrarme con la tierra y extraer de sus entrañas el jugo de la vitalidad. O finalmente, marinero o pescador para escudriñar la líquida ruta de los mares y conocer sus secretos.

INGENUIDADES

Si en vez de lirio, o rosa, o clavel, o mirto,
amada, fuerza zarza, sólo espinas o apenas hierba
silvestre sin encanto, me querrías igual?

¿Si en vez de majestuosa águila, amada, o turpial
de vistoso plumaje y cántico enternecedor fuera
apenas frágil colibrí, melodioso jilguero,
taciturno buho o leve mariposa de divinos
colores y silente vuelo, me querrías igual?

¿Si en vez de guerrero invicto en mil batallas,
amada, o intrépido navegante vencedor de todos
los mares, o valeroso conquistador de pueblos,
aldeas y ciudades de toda la faz de la tierra, fuera
simplemente pusilánime soldado a quien asustan
el ruido de los sables, el estampido de los
cañones y la presencia de la sangre, o humilde
marinero de orilla que teme adentrarse en alta
mar, o asustadizo ser incapaz de abandonar su
territorio por temor a lo desconocido, me
querrías igual?

PESCADOR

Otro buen día, amada, deseoso de aventuras, construí una debilucha barca, a la que le instalé unas frágiles velas, y sin brújula que orientara mi rumbo, ni conocimiento de las estrellas, me adentré en el azul del mar, tragándome de inmediato su inmensidad, cual lo hiciera el pez gigantesco con Jonás, el personaje bíblico.

¿Cuánto tiempo fui huésped asustado del océano? Nunca la supe, porque perdí el sentido de la temporalidad al tercer día de haber emprendido el alocado viaje, para el que no estaba preparado, y siendo un pescador inexperto y mal marinero, eché las redes donde no debí y, como lo dicta la lógica, nada, excepto ilusiones, logré substraerle al mar, que celebró con sus ondas cual caballos sin bridas, mi notoria torpeza, y rústica barcaza, evidentemente, apenas se alejó de la costa unas pocas millas, que yo cuantifiqué incalculables, por el tiempo, del que perdí su noción, que permanecí en las aguas oceánicas navegando en círculo, creyendo avanzar hacia su inmensidad para someterla y robarle sus secretos.

¡Qué ingenuo fui, amada, al emprender esta aventura marina que a ningún sitio desconocido me llevó y en la que sólo pesqué sueños!

MOLINERA

Antes, muchísimo antes, amada, de que saciaras tu sed de amor para siempre en mi líquido manantial, que desde entonces clausuré para que sólo tú sorbieras su agua, otras doncellas, gráciles y hermosas, sedientas también de ese sentimiento humano que tanto enternece a quienes lo experimentan, bebieron el vital líquido y creyéndolo un espejo vieron sus imágenes, como tú lo haces ahora, reflejadas en su cristalino elemento.

No te miento, amada, si te confieso con la ingenua franqueza de un niño, que entre las doncellas que amé con singular ternura, con especial deferencia y con devoción franciscana recuerdo nostálgicamente a la bella y cándida molinera, cuyo nombre, por considerarlo inútil e irrelevante, jamás me preocupé en conocer. ¿Para qué, si con llamarla simplemente molinera, molinerita o moli encantadora me sentía satisfecho y ella respondía a mis requiebros con mimosa coquetería y copiosa galantería?

De la molinera, cuya belleza seráfica parecía haber sido extraída de una pintura religiosa, probé el fresco y divino pan preparado con trigo puro que ella misma cultivaba y recogía amorosamente para mí, para luego cocer, con piadoso esmero, en el diminuto horno de arcilla fabricado con sus manos de artista silvestre.

En el regazo de la molinera, acogedor cual un lecho de olorosas flores o el remanso de un río de cristalinas y melodiosas corrientes, experimenté las más extraordinarias emociones idílicas y viví la insólita y única experiencia de la ya remota infancia y las ignotas vidas pasadas.

Los ojos de la molinera, radiantes cual la luz que despide el sol, fueron para mí espejos vivientes donde me extasié tantas veces en busca de respuestas a mis incertidumbres, penas y frustraciones. Y su labios, bermejos como la pulpa de la granada, siempre estuvieron dispuestos a calmar mi insaciable sed de amor. ¡Qué ingrato, amada, fui con la molinera!

COLOFÓN

A ti, amada omnisciente y ubicua, producto de mis vivencias oníricas, de mis fantasías y una que otra realidad, van dirigidas estas páginas que debieron haber tenido vida hace siglos o quizás milenios.

Porque yo, amada inmortal y luminosa, he vivido muchas vidas, y ésta de ahora, que he compartido contigo y con muchas otras doncellas, es apenas la continuación de una existencia anterior, que presumo transcurrió en una friolenta aldea de labradores de inconmensurable altura, y el pórtico de otra ya cercana que no sé cómo, cuándo ni dónde se materializará.

¿Por qué te hablo de siglos y milenios en vez de años y meses, como sería lo natural? Porque mi discurso, simple como una gota de agua y diáfano como la sonrisa de un niño, está expresado en lenguaje poético, que nada tiene que ver con el tiempo real.

A ti, dulce y consecuente amada, que durante milenios has estado aposentada en lo más recóndito de mi conciencia sin que yo lo notara, puesto que esa era tu soberana decisión, debo la inspiración de esta obra, que aparentemente son producto de mi talento e inteligencia, pero que en honor a la verdad te pertenecen porque tú le insuflaste vida con tu inagotable numen, y mi participación en ese proceso de creación poética fue de simple partero o de canal de comunicación para que viera la luz e irradiara sus rayos a todos aquellos lectores que se aproximen a ella.

¡Gracias, amada eterna!

NAVE

Cuándo parta, di, amada, en mi frágil y gris ceniza nave, díscola como yo, y sin brújula que oriente su incierto rumbo, dejarás que mis salobres y caudalosas lágrimas bañen tu regazo y que el agua pura de mis besos, titilantes cual toda la piel angélica de tu cuerpo, calmen la sed de tus labios de doncella impoluta?

Dime, amada, ¿en cada barca que arribe a tu puerto presumirás mi llegada, a sabiendas de mi incierto regreso y de que en otros puertos muchos amores, tal vez más impetuosos que el tuyo y más perennes y cercanos?

Mi barca, amada, tal vez regrese pronto a tu puerto de esperanza sin límites, o quizás zozobre en las profundidades de un furioso mar o pierda el rumbo y nunca más encuentre la ruta lumínica que me devuelva a tu litoral de aguas apacibles y azules.

¿Aún así, amada, me esperarás?

34

AMADA

¿Si en vez de lirio, o rosa, o clavel, amada, fuera zarza, sólo espinas o apenas hierba silvestre sin encanto, me querrías igual?

¿Si en vez de majestuosa águila, amada, fuera apenas frágil y silente colibrí, o jilguero, o leve mariposa de divinos colores, me querrías igual?

¿Si en vez de guerrero invicto en mil batallas o navegante diestro en todos los mares, o conquistador victorioso de pueblos, aldeas y ciudades, fuera pusilánime soldado a quien asustan el ruido de los sables, el estampido de los cañones o asustado marino que tiembla ante la más débil tormenta, me querrías igual?

35

GRIAL

Un día de luminosa locura, de beatífica paz, de eucarística mansedumbre, de silencio conventual y de mirífica religiosidad, tomé, con exquisita suavidad, mi obsoleta y raída vestimenta de peregrino, pretendí, amada de todos los tiempos, de todas las circunstancias y de todas mis vicisitudes y flaquezas, emprender un largo viaje que me llevaría a los más recónditos e ignorados lugares de la tierra, y que concluiría con el hallazgo, en una remota aldea cuyo nombre nunca indagué, como tampoco su exacta o aproximada ubicación.

¿Qué me llevó hasta allí, renunciando al encanto de tu melodiosa voz, a la ternura sin límites de tu regazo, a la frescura temblorosa de tus labios, a la suavidad imantada de tu dúctil cabellera, al brillo deslumbrante de tus ojos y al aroma hechizante de tu cuerpo todo? ¡Ay, amada! En mi locura fascinante quería sorber vino en la sagrada copa donde Jesús, El Hijo del Hombre, brindó por última vez con sus discípulos, uno de los cuales, Judas Iscariote, lo entregó a sus enemigos por

36

treinta miserables monedas. Y lo hice, ¿sabes? y
con el vino que libé se abrió para mí toda la
sabiduría del mundo y mi espiritualidad recibió
el don de la abundancia y dejé de ser débil y
comprendí que para acceder a la felicidad sin
fronteras ni barreras hipócritas tenía que regar
cada día, con agua pura de manantial, las flores
de mi locura.

MARABAL
A Reynaldo Suárez

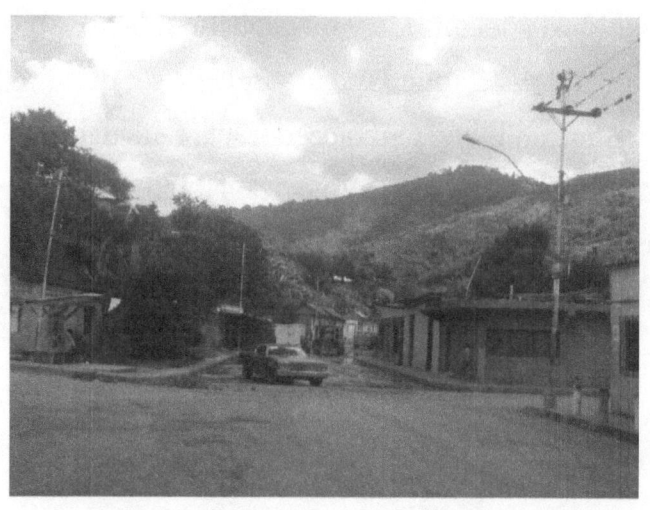

Yo nací, amada prodigiosa, en un pueblecito arrullado por el canto de alborotadas guacharacas, el jolgorio de las hojas de debiluchos platanales y el melodioso y rítmico correteo de su río, que se perdía entre la blanca red de la arena para aparecer, más torrencial, en otra parte, luego de recorrer un túnel acuoso que nunca conocí, por lo infranqueable y lo hermético que era.

Marabal es el nombre de ese pueblecito, ahora parroquia, amada generosa cual Yomo, el que me contaba cuentos y me espantaba los

38

duendes en las noches de miedo, que eran cuando tronaba y relampagueaba, cual tío Vicente, que me regalaba cañas y naranjas chinas y me fabricaba zarandas, cual la señora Sabina, que era la abuela de todos los niños marabalero, cual la señora Dorotea Frontado, que me obsequiaba mango carvá, cual Mercedes Lárez, que daba de lo poco que tenía, y cual el señor Felipe, que me brindaba ponche en las mañanas y cariñosamente secaba mis lágrimas y acallaba mi llanto.

Andarín de mil caminos, amada tolerante de mis impertinencias, !Cómo he añorado en mi incesante trajinar por el mundo la fresca ternura de las aguas del río de mi infancia, en el que ahogué mis dolores y disfruté de inenarrables alegríasi

No he visto, comprensiva amada, en las mil comarcas que he visitado, ni un paisaje, ni un amanecer, ni un atardecer, ni un río como los de mi infancia distante en Marabal.

Allí, devota amada, aprendí a amar los libros llevado de la mano de Evelio Suárez, el que

39

vivía en la hacienda de Los Ramírez y me arreglaba la vieja vitrola traída por mi padre, Guzmán, de Trinidad.

Por Evelio, fervorosa amada, que me prestó *El Conde de Montecristo, Aura o las violetas, Las mil y una noches, Amalia, El Mártir del Gólgota, Los tres mosqueteros,* y *María,* viajé a maravillosos mundos en alfombras mágicas, supe de la prisión de Edmundo Dantés en el castillo de Iff y de su escape al morir el abate Farías, en el lienzo de muerto que lo lanzó a la libertad; conocí la tristeza literaria tras el fallecimiento de Aura y de María, me enteré de la muerte de Jesucristo, crucificado, en el cerro de El Calvario; me hice mosquetero de la corte francesa y amé a Amalia y odié al tirano argentino Juan Manuel Rosas. Creo, tierna amada, que desde entonces, en mi distante inocencia campesina, sentí repulsa hacia los dictadores.

En la hacienda Ramírez, amada infinita, había la única casa de balcón de Marabal, a donde iba con frecuencia, y a la que he vuelto en alas del sueño al igual que a la vieja casa donde

40

nací, un febrero atormentado. No sé por qué, amada encantadora, esta casa se me pareció a la de Amalia, la de la novela homónima, que no está en mi biblioteca porque no la he encontrado en ninguna librería.

Allí, candorosa amada, conocí a Paola, sobrina de Evelio e hija de Reynaldo, quien para hacerme poner bravo me decía, sonriendo, que era mi novia.

Esta niña, floreciente amada, según mi patrón de belleza de la infancia, me pareció feísima. No la he visto más, dulce amada, ni tampoco a Reynaldo.

SINCERIDAD

Sería insincero conmigo y contigo, dulce amada, si en un rapto de intenso romanticismo para agradarte y alegrar tu espíritu te confesara que soy como el sándalo que perfuma al hacha que lo hiere, que ama a sus enemigos, que a quien me golpea una mejilla le pondré la otra y que creo que sólo el que ama puede castigar.

AMOR
Para Arelis

Incansable viajero, tenaz orfebre de ilusiones fugaces, poeta de dolorido canto, debí cabalgar muchas lunas en mi raudo potro de ensueño buscándote en el reducido contorno de un universo que sólo existe en la infinita excelsitud la imaginación y en el sencillo gesto de la ingenuidad.

Y cuando al fin cesó mi búsqueda, porque te presentaste sin la galantería de la espera, envuelta en violáceo traje, esplendente como el simbolismo de la cómplice tarde, y risueña cual el rostro de la inocencia infantil, desapareciste fugazmente, al igual que la estrella de mirífico cielo y que la silvestre flor del camino, donde tantas veces apoyé mi cansado cuerpo, luego de agotadora jornada.

Y como ahora sé que existes, que no eres la imagen incorpórea de un sueño tiernamente construido, aunque inalcanzable, porque mi potro ha envejecido, mi voz se ha quebrado y la luz de mis ojos es ahora apenas leve resplandor,

43

he regresado a lo cotidiano, a lo simple, porque
tu recuerdo, amada, la seguridad de tu existencia,
han obrado el milagro de reconciliarme con la
vida, voluble, hasta tu fuzaz aparición.

¡Cómo quise que en vez de fugaz tu presencia
hubiese sido eterna¡ Habríamos ido, ¿verdad?, a
llevarle flores a Amal pequeña Sudha, y guiados
por *El Principito* habríamos emprendido,
cargados de libros, hacia todos los confines de la
tierra para leerles cuentos a los niños y
enriquecer el maravilloso mundo de la
imaginación infantil.

ZAGALA

Yo amé a la zagala, más que por sus atributos físicos, ciertamente pródigos, por la exquisita espiritualidad que brotaba, cual río crecido, de todo su ser, el esplendor de su aura y la claridad de verbo magnífico.

Íbamos al río, amada, cuantas veces nos placía para escuchar, siempre sorprendidos y maravillados, el melodioso cánticos que los pájaros de todos los colores ofrendaban al líquido elemento, saciada ya su sed; el ruido de cristal que anunciaba el infinito paso del agua por el empiedrado y arenoso camino; el rumor del viento, suave como el algodón, y el eco de nuestras voces al chocar, altaneras, contra la cercana montaña.

Ese río, amada, del que tantas veces te he hablado, no es producto de mi poética inspiración, como lo es la zagala, o como lo eres tú. Tampoco es el bello recuerdo de un sueño que quise eternizar.

Ese río es real y plenó de ventura mi ya lontana infancia y parte de mi adolescencia, y en mi madurez es un canal de comunicación que vincula, con asombrosa precisión, lo pasado y lo presente. Está en Marabal, el pueblo que me parió hace muchas lunas.

¿Sabes qué, amada? De mis primeros años de vida, aquellos donde lo único que conceptúo relevante es la ingenuidad de niño campesino, sólo salvaría, se pudiera hacerlo, la parte que compartí con el río, pues su elocuente mudez sirvió de aliciente, sin comprenderlo entonces, a mis pequeñas penas.

VICTORIA

Tuve que esperar centurias interminables por decepcionantes, amada, para que el prodigio de la victoria, que creí no merecer ya, se hiciera presente, ¡al fin!, en mi angustiada y envejecida existencia.

Fueron mil derrotas caracterizadas todas por el estigma de la humillación, que no pude borrar de mi rostro, a pesar de todas las hierbas, raíces, aguas y ungüentos que empleé en un vano intento por ocultarlo.

Ignoraba, ingenuamente, que el prodigio para deshacerme de esa mancha ignominiosa que hizo vulnerable mi vida no lo produciría ningún régimen medicinal, por más avanzado que fuera, sino yo mismo, con paciencia, tenacidad, capacidad para aprender la lección inmersa en cada derrota y de fe en el triunfo que inevitablemente llegaría en cualquier inesperado momento.

Para triunfar, amada, después de mil vergonzosas derrotas, leí ávidamente textos y pergaminos rugosos y viejos sobre el arte de la guerra; me aprendí de memoria las biografías de los grandes guerreros y apliqué sus tácticas y estrategia en los campos de batalla; luché contra el demonio del pesimismo que se había aposentado en mí y logré destreza en el uso de las más increíbles y eficaces armas.

A este triunfo, siguieron millares y el estigma de la derrota apenas es un nefasto recuerdo en mi accidentada vida.

ALARIFE

Para corresponder a tu majestuoso amor, amada, dueña absoluta de todas mis inquietudes, con mis expertas manos de veterano alarife construí para ti un inmenso palacio que gratificaba, a quienes tenían el privilegio de contemplarlo, con la brillantez de múltiples coloridos que despedían, cual esplendorosos fuegos artificiales, los faroles de todos los diseños que lo alimentaban permanentemente de luz para que pareciera, aun en la noche más tenebrosa, pleno mediodía, y evitar así que la obscuridad con sus fantasmas empañara tu belleza y le restara impulso a tus encantos.

Desde sus torres, amada, altas como las montañas que lo circundaban para protegerlo de extraños y resguardar nuestra privacía, a las que ascendíamos por sus interminables escaleras de caracol, veíamos el ocaso del día, el alegre y espontáneo jolgorio de las aves al recogerse en sus nidos; el tropel de los animales no alados cuando se dirigían a sus madrigueras cumplida ya su diaria faena; la rutilante luna en sus

49

esporádicas peleas con las nubes en defensa de su brillantez y el paso de las estrellas fugaces hacia espacios etéreos que nunca, por ignorancia de conocimientos astronómicos, pudimos identificar.

Ese palacio, amada, recubierto de lapizlázuli y esmeralda que como ofrenda de amor te construí con mis laboriosas manos de alarife y mi poética imaginación, es testigo mudo de nuestras confidencias, de nuestros apasionados besos y de nuestra entrega ilímite a los sorprendentes encantos de la querencia, esa que confunde en un solo cuerpo a los amantes.

Muchas veces, ¿recuerdas?, nos introducíamos, cándidos y felices, en cualquiera de las aclimatadas bañeras de la palaciega mansión y disfrutábamos tanto las caricias caprichosas del agua al juguetear en nuestros desnudos cuerpos, que tranquilamente, sin sentir ningún cargo de conciencia, dejábamos que el tiempo transcurriera libre como el viento y nos olvidábamos hasta de nosotros mismos y sus necesidades materiales.

Pero no sólo un palacio surgió para ti, amada, de mis diestras manos de alarife y mi inconmensurable imaginación de poeta por siempre soñador. Te construí también, para halagarte, puentes inmensos y resistentes como mi voluntad, los cuales te permitieron cruzar, con increíble coquetería, inexistentes ríos, lagos y mares a los que materializamos, fugazmente, como parte esencial de un juego en el que estábamos inmersos conscientemente en regreso furtivo a nuestra ya lejana niñez.

Hice igualmente para ti, porque eso era deseo y era factible su construcción, un enorme castillo al que dotamos imaginariamente de grotescos fantasmas, de juguetones murciélagos y de presidiarios sin conciencia del tiempo ni de la importancia de ser libres.

Ese palacio, amada, esos puentes y esos castillos todavía cobran vida

RÍO

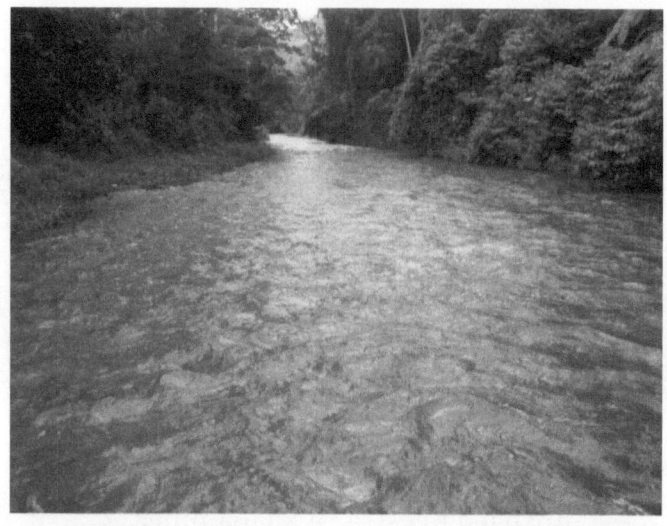

De no haber sido por el río, amada, y el delicioso
rumor de sus aguas al pasar, raudas, por el
camino de piedras blanquecinas y grisáceas
arenas que recorre constantemente sin cansarse
ni proferir una queja de inconformidad, mi
infancia primero, y después mi adolescencia,
habrían sido insulsas, monótonas, tediosas y
carentes de atractivos capaces de conformar,
inequívocamente, que fui niño y adolescente. ¡Así
de impactante fue el río y su disfrute pleno en los
primeros años de mi vida, cuando no tenía
consciencia de que biológicamente el hombre
pasaba por diferentes etapas y geográficamente
mi mundo se circunscribía a Marabal, el caserío

que me vio nacer, e Irapa, que entonces, para diferenciarlo del campo, denominábamos el pueblo, y donde por primera vez admiré, sin palparlo, la grandeza del mar y conocí el cementerio!

Pasaba en el río todo el tiempo que me era posible, y en sus cristalinas, saludables y amistosas aguas aprendí a soñar despierto y a creerme dueño de su diminuto tesoro alimentario: guabinas, guaraguaras, querepes, camarones y cangrejos. Flotaba sobre la apacible corriente, con los ojos cerrados, y me entregaba a ella inocentemente hasta la llegada de la noche, cuando los grillos, con su monótona sinfonía, se dejaban oír.

MENTALIZACIÓN

Para refrescar tu cuerpo, amada, ardoroso por la calidez del clima, que había llegado extremo insoportable, utilicé el poder de mi mente, fuerte como el acero, el diamante y la roca, que me confió sus milenarios secretos de longevidad, al trocar su notoria taciturnidad en locuacidad.

Entonces, pude transformar la furiosa velocidad del huracán en grácil y débil brisa para expulsar el sofocante calor que te hería y reducir la caudalosa corriente del río en apacible fuente de cristalinas aguas para que te bañaras en ellas, calmaras tu insaciable sed y te libraras de la inquietud provocada por el quemante verano.

El poder de mi mente, que tú agigantas, amada, para que fuera más eficaz, convirtió para ti el desierto en jardín edénico, en ofrenda galante que llevaría el cántico de las bullangueras aves y el melodioso rumor del agua de manantial a tus oídos para alegrarte la vida, perfumaría tu cuerpo el aroma prodigioso de las abundantes flores y te

54

vitalizaría la convivencia con la naturaleza en su condición más sublime y pura.

Mi potencia mental, que utilicé para fortalecer tu felicidad, amada, materializando tus románticos caprichos y mis deseos innúmeros de hacerte dichosa, sin importarme los medios ni los costos, transformó la inaccesible montaña en preciosa pradera para que correteáramos libremente, admiráramos el cielo y su inmensidad, fabuláramos sobre lo que nos ofrecía la naturaleza y meditáramos largamente, como dos ermitaños en la profundidad de un desconocido desierto.

POETAS

Los poetas, amada mía, con la divina anuencia de los dioses de todas las religiones, tenemos el privilegiado don de ser distintos a los demás mortales, porque nuestros pensamientos pueden obrar maravillas creando mundos que sólo nosotros podemos habitar y disfrutando, llevando agua a recónditos e infértiles desiertos para saciar nuestra sed y la de nuestros hermanos ermitaños que han abandonado el mundanal ruido del que habló Fray Luis de León, con el elevado fin místico de estar más cerca de Dios, y llevando alegría a aquellos lugares donde sólo hay tristeza.

Tú, amada, eres el fruto de mi angustiada imaginación poética, sola en la multitud por incomprendida, ahíta de dialogar con quienes enardecieron adrede para no escuchar su plática, y temerosa en su covacha de sueños ante lo inescrutable.

Nadie, que no sea yo, amo y esclavo de ti, según la ocasión, puede establecer comunicación contigo para confiarle sus cuitas y recibir el oportuno alivio a sus penas. Y ello es posible por mi condición de poeta, y como tal, taumaturgo, capaz de darle vida a lo inanimado, belleza a quien está carente de dotes estéticos, sanidad al que está enfermo de cuerpo y espíritu, alas al desolado hombre que quiere acercarse hasta el cielo para platicar con las estrellas y otras maravillas cuyo límite es la mente.

MAR

Siempre, amada, respeté la inmensidad del mar y admiré, con poética intensidad, la belleza multiforme de sus olas, la policromía de su líquido elemento, la ilusión óptica de cercanía a la costa con que nos engaña cuando hacemos su travesía en barco y su aparente vecindad con el globo celeste.

No soy hombre de mar, por ser totalmente obtuso en el conocimiento de las artes náuticas, pero me gustaría serlo para balancearme con mi barco de diseño único en el lomo de los caballos de todos los colores y tamaños formados por las olas, penetrar sus entrañas para profanar el altar de sus tesoros bien guardados y ponerle fin a mi secular pobreza material, contemplar sus corales para deleitarme con la singular belleza roja o rosada de los poliperos calcáreos, que pulimentados se exhiben en las joyerías, y extraer de su seno, marchito ya por la depredación humana que todo lo destruye inmisericorde e irresponsablemente, para saciarme hambre, el hambre de mi familia y el hambre de mis semejantes, el bienhechor alimento integrado por peces de todas las especies y tamaños, moluscos, crustáceos y quelonios.

Sé perfectamente, amada, porque así lo leí en el libro de mi vida, que nunca seré marino ni pescador y por lo tanto no podré adentrarme en sus profundidades para conocer sus secretos ni desafiarlo con una nave que jamás conduciré, ni siquiera en la costa.

PLATERO

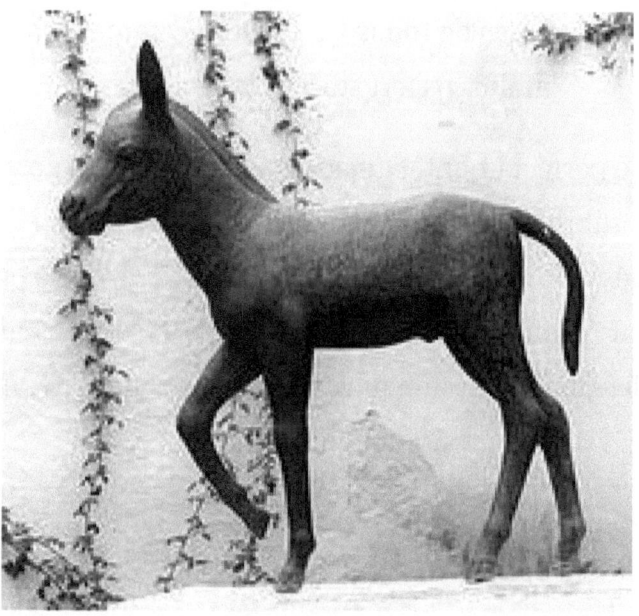

En mi humilde tumba, amada, cuyo sitio exacto
de ubicación terrenal sólo tú conoces, porque
todos los días la visitas para iluminarla con
silvestres flores del camino, deberás colocar,
cuando lo consideres prudente, un ejemplar
de *Platero y yo,* el mágico libro de Juan Ramón
Jiménez, que nutrió de encanto y de ternura
muchos instantes de mi incomprensible vida,
llena de frustraciones, de pesares, de cantos
dolientes y de alguna que otra satisfacción
ganada en desigual lucha a otros, que por ser
poderosos, se creyeron con derecho a ella.

Con *Platero y yo* iluminando mi sepulcral soledad, podré sentirme vivo otra vez, amada, y disfrutar su lectura sin par y mirífica, cual el agua del pozo donde Juan Ramón contemplaba las estrellas y como las florecillas del camino, de efímera vida, que el asnillo y su amigo, tan compenetrados, admiraban ensimismados en su belleza silvestre, cuando recorrían los prados de Moguer.

Seguro, amada, que tal como lo hacía cuando mi cuerpo físico estaba vivo y no era, cual ahora, un amasijo de huesos que pronto se volverá polvo, tampoco tendré el valor suficiente para leer el capítulo de su muerte, por demasiado triste, por tan patético, porque Platero, para mí, está vivo y en tal condición está pastando en los prados del cielo con Juan Ramón encima y Zenobia contemplándolos. ¿Muere el niño que todos llevamos dentro? ¿Verdad que no, amada?

GELIDEZ

Tus besos ígneos, amada, cual la calidez de la lumbre que pone a punto los alimentos para ser consumidos y la calefacción que usamos para domeñar los efectos del invierno, alejan, amorosamente, la gelidez de mis labios expuestos al frío desgarrador de mis caminos sin brújula y en la más absoluta soledad, mi única compañera de viaje.

Tus manos, cautivante amada, cual si fueran guantes de suavidad única, colocados en los míos, eliminan, candorosamente, la frialdad y la condición de hielo que las han endurecido, para embriagarme de tus querencia, desentumecidas ya.

Tu cuerpo, amada, cálido como el verano que despide a la primavera y le da la bienvenida al otoño, abrazado con el mío, friolento, en ritual amoroso, me devuelve el calor que el inclemente invierno, con su nieve, me ha robado, como si sintiera envidia por nuestro amor.

62

MANANTIAL

Nunca se secará, amada, ese manantial de doble vertiente que nuestro pródigo amor hizo brotar en tu alma y en la mía, para que nos sirviera de espejo natural y único, para que viéramos reflejada en la pureza de su agua el fulgor de las estrellas y para saciar nuestra sed.

No languidecerá ese manantial, amada, porque su agua es prodigiosa y cada sorbo de ella, al extraerse, se multiplica con el amor que tú le transmites y con el amor que yo le transmito.

¡Manantial de amor que brotó de las entrañas de la tierra para sumir nuestras almas en inmenso placer!

Manantial benigno que apaga la sed de los ariscos y preciosos pajarillos que pagan con su cántico múltiple la porción de agua que consumen para seguir siendo dueños del etéreo espacio y de verde flora.

Manantial benévolo que das vida a las flores del jardín de mi covacha de sueños.

ENCANTAMIENTO

Desde que te conocí, amada, hace un milenio,
quedé prendado del primor de tu rostro,
iluminado de risa, de tus delicadas manos que
sostuve amorosamente entre las mías, y de tu
sabia ingenuidad de niño y de muchacha
campesina.

Desde que te conocí, amada, hace un milenio,
engalané de la alegría que me ofrendaste a mi
tristeza alienante, colmé de confort los ruinosos
cimientos de mi covacha y adorné de
multicolores luces las flores de mi jardín, que
antes de conocerte eran mustias y apagadas.

Desde que te conocí, amada, hace un milenio,
quedé encantado de tu porte señorial, de tu
ternura, de la frescura de tu cuerpo, de la
entonación musical de tu voz, de la humedad
sensual de tus labios y del prodigio de tus ojos.

¡Oh, encantamiento romántico, que has traído
vigor a mi vida, has sembrado de esperanza mis
alocados proyectos y has alfombrado de amor la
tierra que pisan tus pies y los míos!

64

ENCALLADO

Sin ninguna experticia marinera, amada, sin conocer la jerga de los marineros, guiando cada legua ganada al mar con la tenue luz de una estrella que a veces era arropada por la sombra caprichosa de las nubes, mi destartalada barcaza perdió el rumbo en el océano de mis sueños y encalló en una playa desconocida, luego que las olas que la besaban se alejaron de ella y donde antes había agua salada, por efectos de la traviesa marea, sólo quedó una superficie de arena en la cual quedó inmóvil la nave que me llevaría hasta tu suave regazo para disfrutar, cual si fuera un niño, de tus caricias únicas.

¿Cuánto tiempo tardó la marea en regresar a la orilla que había abandonado para que mi barcaza continuara su incierto rumbo, a flote ya con el agua huidiza?

¿Encontraré la ruta exacta que me lleve sobre la superficie marina y la energía eólica hasta tus brazos, deseosos de sentirme entre ellos?

¿Tendrás, amada, la suficiente paciencia para
esperarme sin medida del tiempo y de mi torpeza
en las artes marinas?

FANTASMAS I

Me aterrorizan, amada, los fantasmas de la noche
porque me trasladan, sin mi anuencia, a
momentos de mi atormentada vida que no quiero
recordar por horripilantes, desgraciados e
infelices.

¿Cómo hago, amada, para borrar de mi
angustiada mente estos recuerdos horribles que
al vivenciarlos en los sueños se convierten en
terribles pesadillas y que sólo son abatidos, tras
desigual lucha, con el despertar que demora un
siglo en sacarme del fuego infernal de esos seres
terribles?

Ningún sortilegio, amada, ha podido librarme de
esos fantasmas que inexorablemente esperan,
como el cazador a su presa, como el mar al río
que devorarará o como el caballo que para
vencer la adversidad esperaba un rey

para cambiarlo por su trono, para atraparme en
sus redes y llevarme a vivenciar oníricamente,
con inevitable frecuencia, terribles instantes
pasados que hirieron con saña indescriptible mi

67

tierna carne de entonces y mis sentimientos
rodeados de pureza e inocencia.

¿Acaso, amada, mis pecados fueron tantos y tan
terribles para que los azotes que recibí por ellos
en tiempo real no fueron suficientes y tenga que
expiarlos en los sueños que deberían ser plácidos
y no tormentosos?

DADIVOSIDAD

El acto de dar, amada, a quien necesita de nuestra ayuda, tiene una sublime simbología.

Si tú das, amada, una flor, es porque tu jardín está iluminado de rosas, jazmines, narcisos, nardos, claveles, siemprevivas y dalias de todos los colores y de todos los tamaños.

Y la satisfacción es doble, para ti, por tu bondad, y para quien recibe la flor, el agradecimiento porque fuiste generosa.

Si tú das, amada, una moneda o un pan al hambriento mendigo, es porque tienes abundancia de dinero en tus arcas y abundancia de alimento en tu despensa.

Y recibirás la gracia de Dios porque fuiste generosa con el hambriento.

Si tú, amada, le das cobijo al peregrino para que descanse en tu casa y pueda reconfortarse, podrá continuar su peregrinaje hacia rumbos que sólo el conoce.

Y bendecirá tu generosa naturaleza.

Y elevará plegarias a Dios para pedirle que no merme, sino que la multiplique tu abundancia de bienes materiales y espirituales.

¿No crees, amada, que es mejor dar que pedir, porque el que es dadivoso es doblemente rico y quien pide es porque carece de todo?

LLANTO

Sólo quiero, amada, que de tus ojos, cual dos ríos, broten a caudales lágrimas cristalinas que yo amorosamente secaré con el pañuelo que has tejido con fino hilo para mí con la letra inicial de tu nombre y la del mío sobre el diminuto corazón, en relieve, que también tejiste, como prueba galante de amor, cuando sonrías a carcajadas de felicidad íntima o del gracioso chiste que te cuente o la morisqueta que te haga como humorista improvisado.

No quiero, amada, que de los dos ríos de tus ojos, que he besado hasta el éxtasis, broten lágrimas de tristeza, de pesar, de pena, ni siquiera en mis largas ausencias, porque por más apartado que en distancia real esté de ti, tú estas conmigo y yo contigo.

Y cuando más desees mi presencia real.

Y cuando más antipática e impertinente se torne la espera, se hará el prodigio de mi regreso.

Y las lágrimas de los dos ríos de tus ojos.

Y las lágrimas de los dos ríos de mis ojos brotarán caudalosas de alegría e inundarán con sus salobres aguas a mi covacha de sueño.

Llanto prodigioso de alegría que se expresa en amorosas lágrimas de amor.

PASIONARIA

Cultivé para ti, tierna amada, en el huerto de mi
cariño, una planta de pasionaria para que comas
del fruto que tanto te gusta o prepares un
delicioso jugo que yo no probaré por las razones
tú conoces.

¿Sabías, amada del alma, que hay más de 500
tipos de esta trepadora, capaz de equilibrar la
tensión, abatir el ansia e inducir al sueño?

¿Sabías, amada llena de encantos, que el nombre
de esta planta se originó en la pasión de
Jesucristo, el Hijo de Dios que entregó su vida
para que tus pecados y los míos y los de toda la
humanidad fueran perdonados?

Los componentes de esta flor color rosa, blanco
y malva, portentosa amada, describen cada uno
de los sufrimientos del Señor cuando ascendió a
los cielos, por proclamar la verdad que
desde hace dos mil años ha nutrido de alimento
espiritual a millones de seres de toda la faz de la
tierra.

Tú y yo, amada indescriptible, hemos alimentado nuestras almas de esa verdad eterna.

Sus filamentos, amada, evocan la corona de espina que para humillarlo colocaron en su frente quienes lo sacrificaron.

Los estambres, amada, simbolizan las cinco heridas que las lanzas de sus verdugos hicieron en su venerable cuerpo.

Los tres estilos, amada, representan al igual número de clavos que se hundieron en su dos manos y en sus pies.

Y los pétalos, amada, simbolizan a los doce apóstoles que lo acompañaron en su breve estadía real en la tierra, pero inconmensurable espiritualmente.

Inclusive Judas Iscariote, que entregó a Jesús a los soldados romanos con un beso en la frente

Y también Pedro, el que lo negó tres veces, y a pesar de ello el Maestro le encomendó la tarea de dirigir el predicamento del Evangelio.

HUMILDAD

Tú, amada necesaria en mi angustiada vida, con tu sapiencia milenaria, tu delicadeza de colibrí y tu ternura maternal y romántica, derrotaste mi soberbia de impertinente caprichoso, mi talante altanero cual guapetón de barrio y mi desdén hacia las cosas sencillas y de poco valor material porque las imaginé indignas de ti de estirpe noble y me ofrendaste, después de tanto empeño inútil, la humildad de San Francisco de Asís, el que le dio un beso al leproso, y la de San Onofre, el príncipe que abandonó el boato palaciego y los privilegios reales, para alimentarse, en el desierto, con los dátiles y el agua que les suministraba un ángel. Iluminado, como lo estaba, del verbo divino que luego difundió a sus prójimos.

Por ti, amada llena de virtudes, cambié mi principesco traje de gala por los harapos de peregrino en constante batalla, que siempre pierdo, con el camino que transito hasta agotarme para llegar al mismo sitio.

Por ti, amada de infinita cualidad amatoria, abandoné mi lujoso palacio para aposentarme, plácidamente, en la covacha de sueños que solamente tú y yo conocemos, donde, contigo o solo, medito, oro, reflexiono, escribo poemas que pocos leen por carecer de valores literarios, lloro, grito y canto.

¡Oh, divina humildad, que trajiste a mi vida, amada imaginaria o real, para encontrarme conmigo y reconocerme!

BÍBLICAS

Y el ángel Gabriel amada, le comunicó a María, en mensaje onírico, el nacimiento de Jesús para que predicara el Evangelio.

Y predicó el verbo, es decir, la palabra, es decir, Dios.

Y por predicar la verdad murió crucificado.

Y su muerte, amada, purgó tus pecados y los míos.

Y purgó los pecados de quienes lo crucificaron

Y perdonó a quien, en la cruz, devorado por la sed, le dio vinagre en vez de agua.

Y la judía Esther salvó a su pueblo, casándose con el rey Asuero con una mentira blanca, que era babilónica.

Y Edith, esposa de Lot, amada, se convirtió en estatua de sal por mirar hacia atrás para observar la destrucción de Sodoma y Gomorra, pueblos de perdición moral, que Dios maldijo.

Y Ruth, nuera de Noemí, durmió al lado de Booz
en la fiesta celebratoria de la ópima cosecha de
trigo para cumplir con la tradición judía.

Y José fue vendido como esclavo por sus
hermanos.

Pero como José, amada, adivinaba los sueños,
fue sacado de la prisión

para que interpretara el sueño repetido del
faraón.

Y el faraón, en agradecimiento, lo hizo
gobernador de Egipto.

Y José perdonó a sus felones hermanos.

Porque así estaba escrito en el libro de la vida.

Y yo, amada, a pesar de leer siempre la Biblia, no
tengo el valor de perdonar a quienes me hieren.

Sencillamente, los borro de mi libro.

Los convierto en inexistentes.

Soy, amada, un mal lector de la Biblia.

Del viejo y el nuevo testamento.

¿Y tú?

CREER

Creo en las bondades del amor, amada gentil,
porque si mi alma está enferma encuentro en él
el bálsamo milagroso que me sana y alienta para
que no desmaye en el propósito de ser mejor,
alcanzar la humildad franciscana, vencer los
demonios de las tentaciones y crecer en
sabiduría.

Creo en los hechizos singulares del amor, amada
leal, porque me permite navegar con mi
debilucha barca por embravecidos mares que se
tornan sumisos al invocar tu delicado nombre.

Creo en la magia del amor, amada paciente,
porque hace posible que de tu rostro, cual agua
de lluvia propicia, surja la sonrisa que ahuyenta
de mi rostro, cansado de tantos años a cuesta, la
pena que me aflige, el dolor que me atormenta y
la adversidad que quiere destruir mis castillos de
sueños.

Creo en ti, amada.

Creo en la eternidad de nuestro amor.

Creo en la sabia naturaleza.

Creo en los sueños porque me arraigan a la
realidad.

Creo en la poesía porque para ella no existen las
barreras del tiempo ni del espacio.

MUNIFICENCIA

Cada día, amada primorosa, al levantarme, dirijo mis avejentados ojos hacia el cielo para extasiarme de la benevolencia del sol y agradecerle su brillante generosidad matutina, símbolo de vitalidad, símbolo de la luz, capaz de broncear la piel humana y producir energía lumínica para hacer que huyan las sombras y para que seque los granos de cacao y café que, luego de procesados, nos regalan sus exquisitos aromas.

Cada día, amada, les doy gracias, en extrema cantidad, a los dioses que protegen a mi tímida inspiración y me permiten que las musas iluminen el camino exacto de la poesía que vuelco en el papel, que tú lees ávidamente, como muchos otros lectores de muchas partes del mundo, en forma anónima, o abierta, con sus comentarios que incitan a seguir el sendero maravilloso de las letras.

¡Qué munificente eres, amada!

¡Qué munificentes son quienes me leen con avidez, como tú!

VÓRTICE

Caigo en trance de vórtice, amada, embriagador vórtice, subyugante vórtice, cada vez que tus húmedos, tentadores y trémulos labios se posan sobre los míos, ásperos y huérfanos de sensualidad.

Caigo en trance de vórtice, amada, cada vez que nos abrazamos y mi cuerpo todo se confunde con el tuyo y tu cuerpo todo se confunde con el mío.

Tú no mes ves, amada, porque es un torbellino íntimo, que sólo yo disfruto, un trompo que da vueltas en mi mente hasta que al perder su impulso cae irremediablemente al suelo.

Vórtice que sólo la fuente nutricia de tu amor produce y, brevemente, hace estremecer dulcemente cada fibra de mi cuerpo, hueso o carne.

Ráfaga de amor que sólo tú, amada, me proporcionas con tus besos y tus abrazos.

Torbellino de amor que sólo tus mimos y caricias, amada, tienen el don único de inducir para que

me crea caracol o el agua del embudo que en la
Mitad del Mundo cambia su trayectoria según el
hemisferio donde se le coloque.

PRISIONERO

¡Feliz prisión la mía, amada adorable!

Las rejas de esa prisión, amada, de la que nunca quisiera salir, son tus abrazos, que al sentirlos en cada átomo de mi vida sin libertad, me conducen en un leve carruaje de amor a los confines de la excelsitud que sólo disfrutan los amantes.

Los castigos de esa prisión, amada convertida en guardiana de mi celda, son tus besos, alimento cuya calidad y cantidad depende de cómo me comporto: poco si mi conducta es errática; bastante si mi comportamiento es irreprochable.

Soy un buen prisionero, amada, y me alimento con tus besos, no furtivos como los del colibrí, sino generosos en tiempo, no cronometrables, por la magia que transmiten y enloquecen las agujas de la temporalidad.

Seré toda mi vida, amada, huésped de tu cárcel tan confortable.

Seré toda mi vida, amada, huésped de tu cárcel,
prodiga en atención.

HÁBLAME

Cuando me veas triste, amada silenciosa,
tararéame, junto a mis oídos, la canción
"Susanita".

Seguro que esta canción, amada, de la cual
ignoro quién escribió su letra y la colocó en el
pentagrama, mandará a la estratosfera la tristeza
que me acongojaba, no sé por qué.

Cuando me veas callado, amada, yo que soy un
fastidioso parlanchín, háblame con la ternura
que sólo tú sabes prodigar.

Y mi increíble mudez de roca, de bóveda, de
tapia, desaparecerá como por arte de magia.

Y te contaré el cuento que nunca habías oído de
mí y te recitaré el poema que escribí para ti.

Cuando me veas preocupado, corazón, háblame
con tu delicada voz para que mi preocupación se
convierta en tranquilidad edénica.

Cuando me veas divagando, amada,
pronunciando palabras incoherentes, como si

estuviera loco, háblame con tu delicadeza
musical para que recobre la normalidad.

Y entonces, amada, besaré tus labios como
ofrenda romántica a tu abnegación.

Y brotarán lágrimas de mis ojos, no de tristeza,
sino de alegría.

Y te amaré más que ayer y menos que mañana.

LÈEME

Hasta que tú no lees, amada inmensa, cada palabra que vierto en el solitario papel para que escapen de mi angustiada conciencia los textos poéticos o periodísticos, razones, contigo, de esa lucha de cada día, no confío en su belleza estética, capaz de encantar a lectores anónimos que nunca conoceré.

Sé, amada única, de la inconmensurable simpatía que sientes por todo cuando escribo, aunque carezcan de valor literario y tengan la profunda herida que dejan en mi escritura la impericia ortográfica que poseo y no puedo superar, y la incoherencia, rayana en caos, de la ausencia de concordancia entre una estrofa y otra.

No tienes el valor, amada mía, de mostrarme los errores, muchos, que subyacen en cada texto que texto que escribo para ti.

Crees herirme, bella amada.

Y por eso, sí, toleras mis errores escriturales.

Y me alabas.

Léeme, amada ideal, con espíritu crítico.

Señala cada error, por mínimo que sea.

Yo no me sentiré triste, amada.

Yo no dejaré de emborronar cuartillas, amada
fiel, hasta acercarme a la perfección.

Como hacía Juan Ramón Jiménez.

Léeme, amada consentida, como si el texto no
fuera mío.

Léeme, sí, compláceme, para acercarme un
poquito cada día al poema exacto.

ENVIDIA

Siento envidia, dulce amada, del humilde carretero que todos los días, con su cargamento de flores cultivadas por él primorosamente, vendía luces y fragancias a lindas doncellas de distantes pueblos, comarcas y ciudades y a su regreso, cansado y exhausto, siempre tenía quien lo esperara con un beso y suculenta comida que consumía vorazmente para saciar el hambre.

Siento envidia, amada deliciosa, del jardinero que es capaz de proporcionarles a las plantas el abono exacto para que produzcan las flores de narciso, mirto, azucena, lirio, rosa, claveles y dalias más hermosas.

Siento envidia de las caudalosas y cristalinas aguas del río, amada encantadora, porque a sabiendas de que su destino será ser devorado por las fauces del mar, no deja de saciar la sed del hombre y de los animales, ni deja de cantar, ni deja de regar los sembradíos ni deja de limpiar los cuerpos de los bañistas.

¡Oh, río admirable, que tienes el valor, que yo no poseo, de enfrentar tu destino sin desatender tus faenas diarias!

VIDA

'Vida: Nada me debes.

Vida: Nada te debo.

Vida: Estamos en paz".

Amado Nervo

Vivir sin ti, amada, es sentir diariamente la presencia de la muerte carcomiendo, con indescriptible saña, cada porción de mi débil cuerpo, cansado ya de tanto sufrimiento.

Vivir sin ti, amada de toda la vida, es morir lentamente.

Vivir sin ti, amada de siempre, es transitar en solitario y descalzo el desierto que me quema con sus brasas mis adoloridos pies.

Vivir sin ti, amada exquisita, es naufragar en el impetuoso mar sin esperanza de sobrevivir a la adversidad por la ausencia de un madero donde flotar hasta la lejana playa.

Vivir sin ti, amada amada, es como encontrarse en el embudo de un tornado a la espera,

93

torturante, de que disminuya su velocidad para conocer en cuál lugar del mundo aterrizaremos

Vivir sin ti, amada purísima, es semejante al derrumbe de los más elaborados sueños para transformarse en terribles pesadillas.

LECHOSA

Con tu amor y con mi amor, amada, sembramos en nuestro liliputiense huerto una simiente de lechosa que nació, creció y fructificó.

¡Con cuánto amor la cuidamos hasta que se hizo esbelta!

Luego llegaron las flores, blancas cual las de azahar del naranjo.

Y después sus minúsculas frutas que vimos crecer, lentamente, como a nuestros hijos.

¡Cuánta felicidad, amada, después de muchos intentos frustrados!

¿Son estas frutas, ahora verdes, pero más tarde amarillas, cual el oro puro, las flores que a mí me encantan y los rayos del sol, un premio vegetal a nuestros desvelos, cuidados y perseverancia?

¡Bendita lechosa de múltiples nombres!

¡Bendita lechosa que embelleces nutres y sanas a las personas sin pedir nada a cambio, ni siquiera agua en abundancia ni tierra abonada¡

95

¡Bienvenida seas a mi huerto y el de mi amada!

KARMAS

¿Te conté alguna vez, amada, que creo en la reencarnación y por lo tanto tengo la absoluta seguridad de de haber vivido y reencarnado muchas veces, tantas, que se han esfumado de mi memoria y no las recuerdo? Cada una de estas vidas pasadas dejó el signo de su karma en mi vida presente, de allí la explicación de todas mis vivencias actuales, las dulces y las amargas, las agradables y las crueles, los triunfos, que sí los he tenido, y los fracasos que han superado a los primeros y los deseos de vivir, amén de muchísimas otras experiencias que prefiero obviar para no lastimarte y trocar tu alegría de niño en dolor adulto.

En una de mis tantas vidas pasadas, amada increíblemente paciente y dulce, fui árbol de singular esbeltez y belleza, que brindó oportuna sombra al cansado viajero y al cumplir su ciclo vital fue leña y lumbre para el labrador.

En otra vida fui caudaloso río que mitigó la sed de mucha gente y sirvió de canal de comunicación a las comunidades circundantes.

En una tercera vida pasada fui, rey en un país
extraño que abjuró de sus creencias, basadas en
la verdad y la justicia, para plegarme a otras
totalmente contrarias en las que destruí libros y
lastimé con saña a los niños y a los débiles
y privilegié a los poderosos.

En otras fui labrador, pordiosero, poeta, soldado,
aventurero y músico, oficios, amada, que
desempeñé torpemente pues mis sembradíos no
producían frutos, mis súplicas no eran
correspondidas, mis poemas nadie los leía, mis
batallas jamás tuvieron la recompensa del éxito,
mis aventuras siempre me conducían al mismo
sitio y mi música nadie la escuchaba.

POESÍA

No creas, amada de increíble tolerancia, que mi ingreso al mundo de la poesía, donde me siento tan a gusto, se produjo en el río de Marabal, en lo recóndito del corazón de mi niñez biológica campesina o en el rostro de una niña encantadora como tú.

No, amada de ternura infinita, fue en la odiosa sombra de un cuartel, lleno de crueldades insólitas, de superiores inmisericordes y deshonestos, de seres robots sin un átomo de piedad hacia el débil.

Y mi primer poema, un soneto, tuvo como título "El fusil y el deber", del cual subsisten todavía en mi memoria, resistente al olvido total, algunas estrofas, que por odiosas, no te las recito para que me acompañen a la tumba y se confundan con el polvo de la tierra, como mi cuerpo todo.

Ese fue, amada de increíble belleza, el génesis de esa poesía que cautiva a tu espíritu y te hace soñar, como a mí, con estrellas, música, naturaleza salvaje, jardines edénicos, querencias, ideales, delicias y amores perfectos.

¡Cuánto amo a la poesía que nutre mi vida de exquisita libertad!

¡Cómo aborrezco a los cuarteles forjadores de tiranos despreciables!

¿Por qué fue un cuartel, amada sueño y realidad, y no tu regazo, o el canto de los pajarillos, o el sonido musical de la corriente de mi río, el génesis de esa poesía que tanto alabas?

¿Sería para que me protegiera de la bayoneta que llagó mi juvenil cuerpo y del castigo sin motivo de la barbarie cuarteril?

FRAGANCIA

Tu cuerpo, amada, tan suave como el terciopelo y tan terso cual la piel de un niño, siempre, por el perfume que me obsequias, parece recién salido de nuestro apacible y amigable manantial o de la ducha que con sus hilillos de cristalina agua te arrancan sonoras sonrisas de felicidad.

Tú lo sabes, amada de infinita juventud, desde que hace un milenio poético llegaste a mi vida para iluminarla, vitalizarla y alejarla del otoño que inevitablemente llegó y transmutó en algodón el ébano de mis cabellos. Y por ello, amada increíblemente esplendorosa, me abrazas, jugueteas conmigo, me mimas, acercas tus labios a los míos y me gratificas con tus cánticos dulcemente entonados, para confundirte conmigo en una sola carne y transmitirme tu perfume.

YOMO

Esa mano prodigiosa, amada, que plantó un rosal en mi diminuto jardín de la amistad, también me ayudó a impedir que Yomo, ese exquisito personaje de mi infortunada infancia que me espantaba los duendes y me contaba cuentos que nunca vi impresos en ningún libro, permaneciera más tiempo sumergido en el anonimato.

Esos cuentos, amada perdurable, debieron haber sido inventados por Yomo, quien no sabía leer ni escribir, pero tenía una imaginación que ni tú ni yo poseemos, al final tenían una moraleja. Sí, amada, uno de ellos, según mi avejentado recuerdo, hacía referencia a un viajero que al saciar su sed en la fuente generosa del camino, en vez de darle gracias como hacen los aborígenes de muchas latitudes primitivas, escupió el agua y al regreso tuvo que sorber su saliva con el líquido elemento, ya no límpida como antes, sino asquerosa.

¿La moraleja de este cuento? No puedes escupir hacia el cielo porque la saliva te caerá en el cuerpo. Si ensucias el agua que sació tu sed, en

102

vez de bendecirla como hacen los aborígenes de muchas tribus primitivas de lejanas latitudes, tendrás que sorberla mugrosa al regreso del viaje.

Yomo, amada cariñosa, me enseñó una manera peculiar de contar: una, dona, tena, catona...¿De dónde obtuvo estos conocimientos? Nunca lo supe, porque aparte de su generosidad y amabilidad hacia mi persona y de su afición al ron blanco, que lo sumergía en la embriaguez, nada más recuerdo de él.

Yo creo, amada esplendorosa, que Yomo debe estar cabalgando en el cielo en un burrito marabalero, cual lo hacía el poeta Juan Ramón Jiménez en Platero el borriquillo moguereño que viajó con él a la eternidad.

Allí lo encontraré, amada gentil, y volveré a escuchar sus cuentos y él escuchará los míos.

Y en los prados del cielo, deleitaremos a los ángeles y nos olvidaremos de duendes, de tristezas, de penurias existenciales, de pleitos.

¿Verdad que sí, Yomo?

¿Verdad que sí, amada ideal?

¿Verdad, amada, que ahora Yomo cabalgará
conmigo hacia la posteridad en mi obra literaria?

OLVIDO

¡Bendito sea el olvido porque al descargar
las penas que me carcomían hacia remotos
lugares, dejé de sufrir!

¡Bendito sea el olvido porque puedo leer mis
libros favoritos las veces que quiera y disfrutar de
su lectura como si nunca los hubiera leído!

¡Bendito sea el olvido porque puedo disfrutar de
"Orfeo Negro", "Cinema Paradise", "Historia de
amor", "Lo que el viento se llevó" y "Mujer
bonita" y tantas otras películas miles de veces y
disfrutar de su encanto, como si fueran golosinas
fílmicas nunca antes vistas.

Divino olvido que manipulo para recibir en mis
labios el fuego amoroso de los tuyos, bien mío,
aunque quieras convencerme de que recién me
acabas de besar.

Divino olvido, bien mío, que renueva nuestro
amor todos los días como si fuera la primera vez.
¡Y te tengo siempre! ¡Y me tienes siempre!

Manantial inagotable de amor es el olvido.

Manjar exquisito de amor es el olvido.

LLORAR

Llora el niño al nacer. ¿Por qué llorará? ¿Por qué en su inocencia teme a lo desconocido? ¿Por qué el llanto que anuncia su llegada al mundo es la única herramienta que tiene para protestar por la nalgada que recibe para sacarlo, con el primer maltrato que recibe en la vida, del letargo que experimentaba en el vientre materno?

Nuestro primer llanto anuncia que hemos llegado al mundo.

Llanto anunciador de vida.

Llanto que reclama la leche materna.

Llanto en la búsqueda del cariño apaciguador.

Pero vendrán otros llantos.

Muchos llantos.

Vendrá el llanto que expresa alegría.

Vendrá el llanto anunciador de tristeza.

Llanto real.

Llanto onírico, hondo, de tristeza extrema, que
disfruto, y que surge cuando en el sueño
recuerdo, y siento, por haber dejado de vivir en
Marabal de mis amores.

¡Marabal, tan cerca y tan distante de mí!

Marabal mío.

Marabal de mi primer llanto.

Marabal de muchos llantos.

Marabal sembrado en mi espíritu que andarín y
realengo viaja en sueño hasta tus entrañas.

Marabal mío, mío.

¡Marabal de mis amores!

LUMBRE

Me introduje, bien mío, en lo más profundo de la selva para derribar, y luego convertir en leña, al más soberbio de los árboles de sándalo, el que perfuma al hacha que lo hiere, para que la lumbre de nuestro artesanal fogón plenara de perfume cada rincón de la covacha de sueños donde hemos disfrutado de inigualables momentos de felicidad.

Y para que la calefacción que emane de la estufa donde secamos nuestros cuerpos empapados de agua de lluvia o tiritando del frío invernal, además del simpático y amable calor nos perfume.

Y para que el humo que salga de la chimenea, en vez de contaminar el aire y las plantas, les cubra de un halo perfumado y amistoso.

Y para que el alimento, bien mío, que prepares con tus delicadas manos, al salir del fuego, además de tener la cocción exacta para que cuando lo comamos disfrutemos de su ricura y exquisitez, posea ese toque de aroma silvestre.

¡Qué nunca se apague, bien mío, de mi covacha
de sueños, esa lumbre símbolo de amor, de amor
de siempre!

ASOMBRO

Me asombra que después de tantas vidas pasadas, y luego de tantos milenios buscándote, hayas sido tú, sin saberlo, la que me encontraste, cansado ya de buscarte en el río que con sus lágrimas borró mis lágrimas de penas, en la montaña cuya cumbre alguna vez profané, en la hondonada del recuerdo casi apagado, en la luna llena que con su brillantez iluminó de esperanzas el mundo de mis primeros años y en las novelas que con tanta avidez leí sin presumir que algún día mis ojos se encantarían al ver el marco geográfico donde se desarrollaron.

¿Verdad que es asombroso que tú, sin buscarme, me encontraste?

Y estabas tan cerca.

Y mis ojos no te veían.

Me asombra que haya sido en la primavera de tu vida y en el otoño de la mía, ese reencuentro romántico, tras desesperados milenios de búsqueda inútil.

¡Cuán asombrado quedé cuando tú, fruto de un cercado ajeno cuya dulzura no apagará mi apetito, me reconociste entre una multitud y te acercaste a mí y yo me acerqué a ti y recomenzamos un amor que tendrá que esperar otro milenio para que se produzca el milagro de su realización!

CELOPATÍA

Tengo celo de tu sombra, bien mío, porque te acompaña a donde quiera que vayas.

Tengo celo del carmín que hacen más provocativos tus labios porque te besa continuamente

Tengo celo de las aguas del río, del mar o de la ducha donde te bañas, bien mío, porque ellas hacen un recorrido voluptuoso por todo tu cuerpo.

Tengo celo de la tierra que pisan tus sandalias de fina factura, bien mío, porque ella besará tus pies y mantendrá parte de ti en cada pisada.

Tengo celo de tus manos, bien mío, porque ellas tocan suavemente todo tu cuerpo.

Tengo celo de tus ojos, bien mío, porque ellos ven otras opciones amorosas.

Tengo celo de tu voz, bien mío, porque su melodía no la disfrutan solamente mis oídos.

Tengo celo de todo el que te ve, bien mío, porque temo que alguien, más apuesto que yo y más corajudo, te aparte de mí.

¡Los celos, bien mío, me consumen lentamente!

¿Otelo redivivo y real celando a Desdémona?

HAMBRE

Tengo mucha hambre, amada, después del largo
viaje que me llevó a imaginarios lugares
cuadrados, verticales, redondos, lumínicos,
tranquilos.

Mi hambre, amada, no puede saciarse con el
exquisito pan que amasan tus delicadas manos y
luego los horneas en el horno de arcilla que
construí para ti.

Ni la fresa temblorosa de tus labios en los míos.

Ni el manjar más apetitoso.

Ni el dátil ni la miel del ángel que alimentaron a
San Onofre en el desierto.

No, amada, tú no puedes saciar mi hambre.

Porque tengo hambre de sabiduría que sólo el
sabio milenario que busqué en mi viaje sin
destino cierto, y no encontré, por no ser digno de
recibir sus enseñanzas, puede prodigarme.

Porque tengo hambre de la humildad que mi soberbia ha arrojado a un sitio que ahora no puedo encontrar.

Porque tengo hambre de la sencillez que mi arrogancia alejó.

Algún día, amada, saciaré mi hambre.

SECRETUD

Nuestro amor es tan secreto, bien mío, que permanece resguardado en la caja fuerte de la covacha de sueños que me sirve de morada y que tú, cuando necesitas sentirme en ti, visitas envuelta en un traje de pobre para no herir mi humildad.

Algunas veces, bien mío, -¿recuerdas?- tú olvidas la clave de ingreso a la impenetrable caja fuerte y el manto de la tristeza se asoma, con timidez campesina, a tu rostro sutil.

Y mi rostro todo, bien mío, se ilumina de jocosa risa.

Y tú, bien mío, te haces la enfadada para que yo te colme de mimos.

Y yo, bien mío, hago como que no noto tu lucha contra el olvido.

Y tú, bien mío, rendida, agotada, triste, sollozante, me dices con esa vocecilla tuya tan mirífica, tan romántica, tan sonora:

-Olvidé la clave de la caja fuerte donde,
primorosamente, guardamos el tesoro
de nuestro amor, ¿Me la recuerdas?

Y yo te susurro, al oído, la clave.

Y tú, brillantes los ojos de felicidad, tomas el
cofrecito.

Y me muestras su contenido al abrirlo
alborozada.

Y disfrutamos de tanto amor.

Amor tuyo y mío. que nos prodiga vida.

Amor tuyo y mío que nos prodiga fuerza para
luchar contra la adversidad.

Amor tuyo y mío, real y virtual.

PERDONAR

A Doña Luisa Cordero

"¡Cómo puedo yo orar

enojado con mi hermano!

Dios no escucha la oración

si no me he reconciliado".

Anónimo

Cansado, amada, de orar y de ofrendarle mis más bellos y sinceros cánticos al Omnisciente Arquitecto Universal, en la búsqueda del divino consuelo para mis penas y tribulaciones que ya mi débil humanidad no estaba en capacidad de resistir, por su extrema severidad y mi indefensión.

Me trasladé esperanzado, amor de siempre, alimento nutricio de mi bienhadada inspiración, trasladarme, hasta el salón que en mi añejo castillo de sueños alberga al espejo mágico que da respuesta certera a mis interrogantes y a las tuyas, para preguntarle, vueltos añicos mis

119

nervios, el porqué mis plegarias, cánticos y oraciones no llegaban hasta el celeste trono del Señor que mueve todo lo que tiene vida en el universo y le imprime movilidad a las cosas que carecen de ella.

-Poeta, que es como me denomina el espejo mágico, Dios no te escucha porque tu corazón, residencia de todos los sentimientos humanos, está rebosado de rencores y animosidad hacia tus semejantes.

-¿Qué debo hacer, entonces, riposté con franciscana humildad, para que Dios escuche mis oraciones, cánticos y plegarias para que mi cuerpo y espíritu accedan a la santidad divina que les devolverán la normalidad a la cual tiene derecho por obra y gracia de su voluntad desde el momento de nacer?

-La repuesta es obvia, respondió: Haz votos de perdón, empezando por fi, y continúas con tus enemigos, los conocidos y los encubiertos, que son los más peligrosos y perversos, pues bien explícito lo reza el proverbio "Del agua mansa líbrame Dios que de la brava me libro yo".

120

Seguí los consejos del espejo mágico, amada mía, y me di a la tarea de perdonar a todos mis enemigos y a mí, que fue lo más difícil, y la normalidad retornó a mi alma y a mi cuerpo para instalarse definitivamente en ellos.

IMPAVIDEZ

Mis ojos se deleitan cuando engalanas tu cuerpo,
cual princesa encantada, con un traje de tu tul,
color azul.

Mis ojos se envalentonan cuando percibo en tu
prodigiosa sonrisa

la levedad de la brisa.

Mis ojos se tornan brillantes cuando luces en tu
cuello la garantilla incrustada de diamantes.

Mis ojos acrecientan su capacidad de ver cuando
jugueteas en el edénico vergel.

Mis ojos se entristecen cuando las luces del
crepúsculo fenecen.

Mis ojos transmiten su dulzura cuando te desean
con locura.

Mis ojos, pobrecitos, expresan su avidez, cuando
contemplan tu desnudez.

PRODIGIO II

Un beso tuyo, niña mía, en los labios, en la mejilla o en la sien, aunque a distancia, aleja de mi avejentado cuerpo la tristeza más grande que me embargue, la dolencia más fuerte que me aqueje y la necesidad de amor que me acongoje.

Una sonrisa tuya, niña mía, presencial o virtual, me hace sentir, en cada porción de mi cansado cuerpo, el poder prodigioso del amor, capaz de vencer una tormenta, un huracán e insuflarle vida a una piedra.

El roce de tus delicadas manos, por mi frente, niña mía, cuando el fuego de la fiebre me hace delirar y el dolor de mi encanecida cabeza me atormenta y me hace sufrir a niveles insoportable, opera el prodigio de la sanidad.

Tu mimosidad, niña mía, cuando mi inspiración se amotina y no quiere derramar sobre el papel blanco cual mi mente las palabras perfectas que les proporcionen vida al poema, al cuento o a la epístola, vencen los obstáculos que los

mantienen prisioneros y emanan prodigiosos
textos a caudales.

¡Prodigiosa niña primaveral que iluminas mi
ocaso!

ARTISTA

Si en vez de mandadero, niña mía, hubiera sido pintor, habrías sido mi modelo única al plasmar en un lienzo tu belleza sublime con la Naturaleza al fondo, el río, el jardín, la luna, el sol, el mar o un cocotero.

Si en vez de obrero petrolero, niña soñada, hubiera sido escultor, habría tallado en piedra, en madera o en metal tu soberbia belleza para exponer mi obra estatuaria en los más afamados museos del mundo.

Y todos te admirarían.

Y todos los críticos de arte me alabarían.

Si en vez de policía, niña encantadora, hubiera sido orfebre, lucirías en tus delicadas orejas, en tu cuello de orgulloso cisne, en tu frente que acaricio con ternura y en tus finos dedos que han recorrido en viaje romántico cada porción de mi cuerpo, diademas, anillos, collares y zarcillos de joyas preciosas que todas las mujeres envidiarían.

Si en vez de periodista, niña mimada, hubiera sido artista musical, habría escrito para ti las canciones más hermosas que tú cantarías con tu exquisita voz.

¡Soñar es gratis, niña bella, soñemos juntos!

RUTH

Mis cereales, amada, ya estaban maduros y listos
para ser cosechados, luego de haberlos cuidado
con particular y especial esmero. Era la primera
vez que recibía de la tierra el fruto de mi trabajo y
por tal razón sentía una felicidad que nunca,
hasta entonces, había experimentado. Contraté
hombres y mujeres pan segar las mieses y al final
de la jornada, que fue extenuante, porque los
rayos solares herían a mansalva la piel de los
recolectores, todos curtidos en tales menesteres
agrícolas, celebramos con vino y exquisitos
manjares hasta caer, embriagados, al recubierto
suelo de espigas en cuyo seno yacían los granos
de trigo que en un proceso posterior irían a la
trilla para su liberación y estar en condiciones de
ser llevados al molino que los convertiría en
harina, materia prima del pan, fuente nutricia de
la vida.

Recordé, amada, a Ruth la moabita y comparé
esta escena imaginaria con la que describe la
Biblia en el Viejo Testamento y hallé semejanzas
en ambas. Ruth, personaje en quien admiré su

127

valentía y su audacia romántica para enfrentarse
a su destino, dictado por la costumbre de la
época, de convertirse, viuda, en mujer de Booz,
su cuñado, eras tú, y Booz, el dueño del trigo
maduro, era yo.

MARÍA

El nombre de María amada, tiene especial connotación para mí, barco a la deriva, árbol debilitado por el paso de los años, flor marchita, numen sin poeta que lo vitalice y lo libere de sus cadenas.

María, la madre del Hijo del Hombre, me asombra por su capacidad de transmutación y apariciones, bajo diversos nombres, en diferentes lugares de la tierra, para propagar la fe cristiana. En ella veo reflejada a todas las madres del mundo por la fortaleza conque revistió su grácil cuerpo para resistir el dolor del hijo muerto en la cruz.

María, idealizada por Jorge Isaacs en su inmortal novela homónima, fue en mi candorosa infancia campesina un ser real cuyo romance platónico con su primo Efraín me deleitó hasta el éxtasis y cuya temprana muerte arrancó tiernas y abundantes lágrimas a mis ojos, entones en la plenitud de su vitalidad, Yo me iba, amada, a un secreto lugar del fondo de ni casa a leer aMaría y a soñar con ella, ignorante de la importancia de la novela en la literatura romántica. Todavía, amada, María acompaña mis sueños y la lectura de la genial obra me deleita con la misma fuerza de mis años primeros, cuando carecía de espíritu crítico para juzgarla. Ya conocí, amada, la hacienda El Paraíso, donde Jorge Isaacs situó el desarrollo de la novela y quedé extasiado de tanta belleza. Estuve en la alcoba de Efraín y en la de María y en el estudio donde éste le enseñaba a su amada y a su hermana Emma rudimentos de historia, geografía y aritmética y les leía la novela Atala, de René de Chautebriand.

María seguirá siendo para mí, amada, la representación auténtica del ideal romántico llevado a extremo exponencial. Y si es cierto que muere victima de epilepsia, enfermedad para le época incurable y de moda, basta releer por enésima vez el libro para imprimirle vida, ya que tiene la prodigiosa capacidad da resurgir de entre sus páginas en cada lectura. ¡María permanece imperturbable, por su divinidad, ante el paso avasallador y destructor del tiempo!

María, la hermanita del Divino Sacramento, candorosa como une niña y tierna como la sinfonía que nos regala el ruiseñor, irradió de luz mi adolescencia de lector desordenado. ¡Cómo disfruté amada, la ingenua reacción de Sor María ente la presencia del amor, no el divino, sino el humano, en un mal pensamiento que atribuyó al diablo! Sor María del Divino Sacramento siempre me ha acompañado, aunque perdí sus huelles bibliográficas con el olvido del autor del poema que le dio vida, que comenzaba así:

La hermanita Sor María del Divino sacramento/ sollozando me decía/ el diablo me puso un día/ señor, un mal pensamiento/ Decí, hermana...
¿Lo sabes, amada?

Supe con los años, por una amiga virtual de Buenos Aires, Argentina que el autor de ese poema fue Rubén Navarro.

La última María que me impactó de por vida, como las otras, fue la bíblica María de Magdalena, la bella mujer que lavó los pies de Jesús de Nazaret y los aromatizó con suaves ungüentos. ¡Qué acción tan piadosa y poética en quien como ella era pecadora!

BELLEZA

¿Cómo eres más bella, bien mío, consuelo de mi vida, agua exacta y bienhechora en el desierto cuyas arenas queman mis pies descalzos, néctar exquisito que endulza y aleja hacia distantes espacios la acidez que adormece mi paladar, lectora única de mis poemas sin gracia?

¿Desnuda, bien mío, entre sábanas albas inmaculadas, confundidas con las sombras de la obscuridad, reflejo de tu pudor, o recién salida del baño, olorosa a flores de mirto, de clavel perfumado de canela y de azahar recién fugado del naranjero?

Sé, bien mío, que por humildad o por montuna nunca me dirás cuándo eres más bella.

Sé también, bien mío, que el muro interpuesto entre tu orilla y la mía impedirá que conozca en cuál condición eres más bella, pero en mi augusta imaginación te visualizo hermosa en la obscuridad, llena de misterioso encanto, y recién salida del baño de mi covacha de sueños te

132

presumo olorosa a gloria, sugestiva al amor
terrenal y encantadoramente coqueta.

DIOSA

En el altar de mi covacha, bien mío, simple cual una gota de agua de nuestro río, menguado en verano y copioso en invierno, sólo estás tú.

Y a ti dirijo mis oraciones con fervorosa devoción, esperando que se opere el milagro de tu compañía para gratificar mi fe.

¿Oraremos juntos algún día?

LOCURA

No hay nada más loco, bien mío, que el amor, ni nada más sublime y gratificante que ese sentimiento capaz de vencer, sin batallas inútiles, las barreras de todas las calamidades.

Sin embargo, rosa amarilla del jardín de mi corazón, más que locura el amor es un acto de comunión compartido por dos seres para sentirse libres de ataduras y volar, en las alas del pensamiento, hacia edénicos mundos.

¡Oh, locura del amor que tanta felicidad me has prodigado!

¡Oh, locura del amor que hasta en covacha de ermitaño alocado has tenido la osadía de hospedarte!

Yo creo, bien mío, luz que aparta la obscuridad de mi camino sin rumbo para que llegue pronto a lo ignoto, que el amor, sin su toque de locura, perdería su esencia vital, la simiente que le da vida y su capacidad creativa.

Porque para amar, como tú y yo, dalia de azulados pétalos, la sensatez sería un huésped inoportuno y antipático que alejaría de nosotros la magia increíblemente fascinante de los enamorados.

¿Qué piensas, bien mío?

MARINERÍAS

El mar de Margarita, amada, es testigo mudo de instantes de felicidad idílica que hemos disfrutado cual niños traviesos conscientes de su bulliciosa complicidad.

Era de nosotros esa porción marina no confiscada todavía por el urbanismo depredador.

Y la aprovechamos al máximo.

Tú, temerosa de que el oleaje te alejara de la orilla donde sumergías tu entonces lozano cuerpo;

yo, dándomela de experto nadador, en la parte más honda, a nivel de mis hombros.

Yo introducía con delicadeza extrema mis dos manos debajo de tu cuerpo y te colocaba en la superficie para pasearte.

Tú dócilmente te dejabas conducir y paseábamos felizmente, con la dicha reflejada en tu rostro y en el mío,

hasta que nos cansábamos,

137

y regresábamos a la orilla para ponernos en contacto con la arena y disfrutar de su relax o bien observar a las aves marinas zambullirse en el océano, una vez divisada desde el aire el pez que les serviría de alimento.

Era increíble este evento.

Y nosotros en esa soledad edénica nos creíamos dueños de la orilla,

de los oleajes que la besaban furtivamente,

cual el enamorado a la enamorada en circunstancias especiales

y del lejano cielo.

¡Nunca más, amada, disfrutaremos de esa intimidad marina que nos hacía obrar como si fuéramos niños!

ABSURDIDAD

Me amas y te amo, dama primaveral que
iluminas mi otoñidad,

que llegaste errabunda a mi covacha de sueños
ayer, en tiempo real, pero hace un milenio, en
tiempo poético.

Y, sin embargo, ni tú podrás ser mía físicamente,

ni yo podré serlo tuyo.

Nos separan la edad, primavera y otoño,

y los convencionalismos legales.

¿Quién controla nuestros corazones, gemelos a
distancia?

¿Quién controla nuestros sentimientos,

libres cual las aves que alegran tu llano,

los ríos que van a morir a los mares

y los seres silvestres?

La distancia que nos separa es espacial.

El amor que nos une, no tiene barreras físicas

porque se rige por las leyes de la imaginación,

torrencial cual tu río Arauca

y cual el río de mi pueblo cuando crece y arrasa
sembradíos.

La imaginación es libre y por eso nuestro amor es
paradisiaco.

Nuestro lugar de encuentro es la covacha de mis
sueños,

donde nos sentimos tan a gusto que no
quisiéramos   abandonarla nunca.

La naturaleza nos provee de su belleza
incontaminada,

de la exquisitez de los alimentos

y del agua del aljibe en el cual muchas

veces reflejamos nuestros cuerpos.

LANGUIDEZ

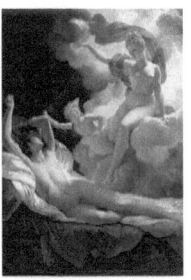

Disfruto, bien mío, admirar el atardecer, símbolo exacto de que languidece el día para dar paso a la noche y sus misterios sombríos, complicidades silenciosas, idilios a la luz de la luna y la espera del momento de visitar los dominios de Morfeo.

Gozo, bien mío, el sonido, todo sinfonía, del jolgorio de las aves cuando alborozadas, al languidecer el día, vuelan simétricamente alineadas hacia sus nidos en el copo de los árboles o en la rama de algún arbusto amistoso para descansar de su extensa faena rutinaria.

Gusto, bien mío, del languidecer de la noche que le da paso a la aurora, heraldo de la llegada del día con su brillantez y encantos.

¿Languidecerá algún día, bien mío, dentro de un año, dentro de una centuria o dentro de un milenio nuestro amor?

AMISTAD
A Nelys Antonia

Mi minúsculo jardín de la amistad, amada increíble, ya casi mustio por la carencia angustiosa del agua nutricia, amaneció con un rosal amarillo, resplandeciente cual el sol de la mañana, gracias al rocío bucólico que vino de las agradables montañas de Tunapuy y de la ruidosa urbe carupanera que años ha, cuando era apenas la única referencia de ciudad conocida en mi lejana adolescencia, fue testigo muda de mis penas, que eran muchas, y de mis alegrías, muy escasas.

¿Será este rosal, amada paciente y querendona, tan voluble como las flores silvestres que nacían y morían en mi infancia con la aparición del sol y la inevitable llegada de la luna y su cargamento de duendes que sólo existían en mi mente, entonces cándida cual la sonrisa de los niños y el canto angelical de los pajarillos ariscos que huían al acercármeles, o durará acaso, como la siempreviva o como el río que nunca se cansa de derramar su regalo de agua, fuente de vida?

Dime, amada, como lo has hecho en otras situaciones de incertidumbre, qué debo hacer para que ese rosal permanezca siempre en mi jardín ofrendándome su belleza, bendiciéndome con su color amarillo, saludándome con su luminosa mudez y recordándome el don de la gratitud.

-Esa rosa, amado, para que nunca languidezca, deberá recibir agua nutricia, además del manantial nuestro, que le sirve de espejo a los luceros, de las manos que sembraron la planta que le dio vida.

Por mí, amada, ese regalo de la naturaleza a mi minúsculo jardín resplandecerá por siempre, pues le prodigaré singular cuidado al rosal que le dio vida para que sea fuerte como el roble, el hierro o la piedra.

¿Tú me ayudarás, amada idílica, a combatir el paso del tiempo con la ternura que le prodigaré?

¿Esa prodigiosa mano que plantó el rosal tendrá la perseverancia para que esa flor nunca se marchite?

SELMA

Por ti, dama mirífica, ficción brotada del torrencial río poético de Gibrán Khalil Gibrán, me creí primavera en vez de otoño y cual mancebo indócil y soñador trepé con las alas rotas de mi imaginación el muro interpuesto entre tu orilla y la mía para sentir en mi trémulo cuerpo la ardentía del amor prohibido.

Sí, Selma Karamy, tu candorosa belleza, tu angelical ternura y tu columna de luz, así como el exquisito aroma que despedía tu cuerpo, me transportaron, en fantástico vuelo, hasta el silencio de tus noches con música.

SILENCIO

A Milagros

Para no turbar tu silencio místico, amada, -
¡Tantas veces profanado por voces impuras!-
preferí poner a mi lengua cien cerrojos de duro
metal y olvidarme –¡Oh, ingenuo poeta de
confundida y arisca musa!- que alguna vez, hace
ya muchas centurias, tuvo el don del habla.
Y aprendí de tu silencio -¡Tan elocuente y tan
pleno de belleza!- el mirífico y sin término
lenguaje gesticular con el que te comunicabas,
mientras permanecías sumida en profunda
actitud contemplativa, con los misterios arcanos
de la Naturaleza, tu amiga y confidente.
Yo, de verbo tan efusivo y locuaz hasta el fastidio,
cerré mis labios para siempre con solo un gesto
tuyo sin arrogancia y suplicante que expresó
¡Calla! cuando con doliente y conmovida voz te
pedí agua para mi sed de amor, pan para el
hambre que abatía a mi débil cuerpo y abrigo
para proporcionarle calor a mi tristeza.
Tras tu silencio, más expresivo que una imagen

146

fotográfica y que la elocuencia de los
predicadores bíblicos, recorrí parajes ignotos de
particular ternura y libé el agua fresca de
cariñosos ríos y bienhechores manantiales.
¡Cómo amo tu silencio, amada, porque aprendí,
al fin, a enmudecer!

SUERTE

Cuando te conocí, bien mío, después de una larga búsqueda que duró un milenio, no te reconocí, ni mostré interés romántico por ti, ni te vi en mis sueños apesadumbrados, ni te imaginé mía, ni estabas en mi universo poético.

Pero la suerte, tantas veces contrarias a mis designios y en diminutas oportunidades a mi lado, tocó suavemente las puertas de tu corazón para acercarte tímidamente al mío, abatir esa invisible frontera que divide a la amistad, en nuestro caso incipiente, y el amor, ese sentimiento rayano en la sublimidad que eleva a quienes se aman, sin pensar en la carne, hacia planos superiores que sólo pueden disfrutar los elegidos.

Y tú, bien mío, fuiste elegida por el dios del amor para que me amaras.

Y yo, bien mío, fui elegido por Eros para que te amara sublimemente.

Y se hizo el prodigio del amor.

Y estabas tan cerca de mí, bien mío, y no te veía, aunque recorrí escabrosos caminos en una aventura demencial para hallarte y fracasé en los miles de intentos que hice para realizar mi sueño de amor.

Y fuiste tú, bien mío, quien me halló, cuando me creía abandonado de la suerte.

¡Divina suerte que me premió contigo como recompensa a tantos sufrimientos padecidos justo donde nuestras almas se unieron.

CITA

A Nelys Antonia

¿Cuántas veces más, amada omnisciente, la aguardaré solicitario y esperanzador en una multitud informe para calmar la sed que sólo su compañía apacigua, el hambre que sólo su aliento calma y oír la música que ilumina mi espíritu angustiado?

¿Tendré la paciencia de Job, amada increíble, para esperar en mi recóndita covacha, que venga con su antorcha angelical a iluminar sus extraños senderos, a humedecer sus resecas paredes, a oxigenar su irrespirable y minúsculo espacio y a colmar con unas pocas gotas de providencial aguas su vacío manantial?

Sé, amada generosa, que mi perseverancia en la espera tendrá su prodigiosa gratificación sin el antipático límite del tiempo real pero con la anuencia cómplice del tiempo poético, que rige en mi calendario alocado.

¿Por qué, amada bienhechora, habitante única de mi diminuto y agradable mundo, vendrá ella a la

150

cita sin fecha? Porque cuando le dije "Te querré hasta que el hastío me destierre de tu corazón", ella me respondió: "Te querré hasta que el cansancio me aleje de tu alma".

MUERTE

Cuando la dama invisible, amada, venga hasta mí
a cobrar la deuda que todos contraemos con ella
al nacer y me conduzca al ignoto mundo del que
no se regresa, no quiero que de tus vivaces ojos,
brillantes cual miríadas de luces solares, brote ni
siquiera una lágrima delatora de la pena, que
supongo, te embargará y transmutará la alegría
que permanentemente ilumina tu rostro en
tristeza doliente.

Yo sé, amada, que mi viaje a la eternidad será
dentro de uno o dos milenios poéticos, que como
ya te lo he dicho antes no guardan relación
alguna con la temporalidad real. Y si para
entonces me sigues amando, dueña mía, te
ruego, con todas las fuerzas de mi alma ya
envejecida por los años, que cada día, en mi
modesta tumba, que sólo tú conocerás, porque
carecerá de lápida y tendrá nada más una rústica
cruz de madera que tallaron tus manos, coloques
una flor del camino, amarilla, blanca o roja, de
esas que en abundancia produce la naturaleza

para colorear y perfumar los paisajes, pero cuya vida es efímera cual la luz de los relámpagos.

Nadie más que tú, amada, deberá saber de mi viaje sin retorno hacia ese largo túnel, de penumbras en pos de la brillante luz que hay al final para entrar, vuelto espíritu, porque mi cuerpo regresó a la tierra, al maravilloso mundo celestial en el que las penas y sufrimientos terrenos son inexistentes, dado que allí sólo tienen lugar la paz, la musicalidad, lo angelical y la alegría sin límites.

¿Lo harás, amada?

ENVIDIA II

Siento envidia, dulce amada, del humilde carretero que todos los días, con su cargamento de flores cultivadas por él primorosamente, vendía luces y fragancias a lindas doncellas de distantes pueblos, comarcas y ciudades y a su regreso, cansado y exhausto, siempre tenía quien lo esperara con un beso y suculenta comida que consumía vorazmente para saciar el hambre.

Siento envidia, amada deliciosa, del jardinero que es capaz de proporcionarles a las plantas el abono exacto para que produzcan las flores de narciso, mirto, azucena, lirio, rosa, claveles y dalias más hermosas.

Siento envidia de las caudalosas y cristalinas aguas del río, amada encantadora, porque a sabiendas de que su destino será ser devorado por las fauces del mar, no deja de saciar la sed del hombre y de los animales, ni deja de cantar, ni deja de regar los sembradíos ni deja de limpiar los cuerpos de los bañistas.

154

¡Oh, río admirable, que tienes el valor, que yo no poseo, de enfrentar tu destino sin desatender tus faenas diarias!

SEGUIRÉ

Está escrito en el invisible libro de mi vida, amada, que para llegar a la cumbre de una escabrosa montaña debo luchar, hasta lograrlo, con todos los obstáculos que encuentre, y si mil veces me resbalo y caigo desplomado al sitio de partida, descansaré brevemente y seguiré adelante, sin mirar hacia atrás.

Y como premio a mi perseverancia, recibiré el encanto de tu amor porque tú estarás en la cima esperándome para alabar juntos la belleza del paisaje y la cercanía engañosa del cielo.

Está escrito en el libro de mi vida que venceré con paciencia jobiana y sencillez franciscana a las desérticas y candentes arenas del desierto y las terribles distancias hasta llegar al oasis edénico donde estarás tú, amor, para saciar mi sed con el agua purísima de manantial, para apagar mi hambre con los dátiles que has guardado primorosamente para mí y sanar con tus caricias múltiples a mi agotado cuerpo.

Y seguiré.

Y seguiré venciendo retos que me hagan digno de tu amor.

Y nos amaremos en la vida y más allá de la vida.

Porque nuestro amor está bendecido con el don de la eternidad.

OTRO

La magia de tu palabra, sencilla como el pétalo de una flor, el vuelo de un colibrí y la cristalina y madrugadora gota de rocío, obró en lo más íntimo de mi ser el inesperado milagro de la transformación en otra persona, totalmente distinta a la que había sido hasta el inolvidable momento de tu llegada e incorporación por siempre, a mi vida, entonces simple y reducida a lo elemental.

Tu palabra, amada, convincente y firme como la añosa roca y el enhiesto y centenario árbol, no obró el milagro de mi conversión elevando su tonalidad para persuadirme, sino manifestándose natural y despojándose de todo cuanto perturban su particular grandiosidad y elocuencia.

Desde entonces, bondadosa hada del mundo multicolor y fascinante de mis sueños, que quisiera interminables, dejé de usar mi deslucido traje gris y mis roídas sandalias de impenitente con los cuales recorrí desconocidas rutas que me condujeron, exhausto, a aldeas, pueblos y

158

ciudades cuyos nombres olvidé raudamente para evitar el sufrimiento de la nostalgia.

Tú, amada, dechado de virtudes propias, con tu singular sapiencia y el prodigio de tu verbo, me convertiste en otro sin que dejara de ser yo.

ESPERAR

Recurriré a Job, bien mío, el glorioso patriarca
bíblico, para que me prodigue el don de la
paciencia que haría menos dolorosa la espera,
que siento infinita, de tu presencia en mi
escondida covacha de ermitaño.

Ese día, que ha de llegar cuando la brújula de tu
corazón te oriente hacia donde me encuentro,
solitario y triste, con la única compañía de tu
recuerdo, ya borroso en mi mente por la larga
espera, me reconciliaré con la vida y festejaré
contigo libando el exquisito vino que añejé para
ti, iluminando tu cabeza con una guirnalda de
bellas flores de mí jardín, amorosamente
cultivado, y cantando cual niño sublimes
canciones que tú escucharás embelesada de
amor.

TIEMPO

Tiempo: aleja hacia desconocidas galaxias la pena que me atormenta el alma para que mi amada no sepa que sufro por ella. Necesito tanto su presencia física que llena de regocijo mi corazón de poeta enamorado!

Tiempo: lleva rápidamente mis lágrimas al mar para que se confunda con sus aguas y mi amada no sepa que lloro por ella ¡La añoro tanto!

Tiempo: Devuélvete justo al momento en que conocí a mi amada, que tanta felicidad me ha ofrendado.

Tiempo: Acelera tu paso para que más pronto regrese mi amada a llenar el vacío yacente en nuestro lecho desde hace un milenio.

Tiempo: Borra de mi rostro toda huella de sufrimiento por la ausencia de mi amada para que a su regreso la luz de lo prodigioso la deslumbre de amor.

Tiempo: Devuélveme la juventud que me robaste, sin resistencia y sin conciencia de haberla perdido, para que mi amada no vea las arrugas que me dejaste a cambio de lo sustraído, ni la melancolía que consume cada tuétano de mis huesos, y vea en mí la lozanía que tuve hace milenios.

Tiempo: Llévate bien lejos -a otra dimensión- mi miseria y transfórmame en un opulento personaje para complacer todos los caprichos de mi amada, por más inverosímiles que sean.

Tiempo: Hazme un poeta de florida y agradable obra para leerle a mi amada mis versos y transportarla en alas de la imaginación a exquisitos parajes y no fastidiarla más con peroratas impertinentes.

MELANCOLÍA

Estoy enfermo de tu ausencia, amada, y la sonrisa que de mi rostro asoma a borbotones, cual de los volcanes la lava, cual de la botella la champaña o cual de la catarata el agua indomable, no transmite alegría.

Es esta sonrisa, amada, una máscara para disfrazar mi honda pena, ese filoso puñal que lacera, inclemente, mi debilucha carne, incapaz ya de resistir un dolor que sólo la esperanza de tu regreso, después de un milenio poético, lo mitiga.

Y por eso río a carcajadas en lo alto de una montaña prodigiosa e imaginaria para oír el eco de esa risa. Y regocijarme. Y sentirte a mi lado observando el paso raudo de las aves hacia sus nidos.

¡Oh, melancolía que me devora el alma! ¡Oh, melancolía compañera de mis penas que sólo tu amor cura, amada!

¿Alejarás de mi pobre alma esa melancolía que me devora lentamente con calculada perversidad?

163

FLORA

¡Vámonos, amada , hasta el pie del milenario y gigantesco árbol para disfrutar de la sinfonía que nos obsequian sus ramas cuando son besadas por la traviesa e incansable brisa!

Ese árbol, amada, que se despoja de sus hojas durante el otoño, luce en invierno, al ser acariciada por el agua bienhechora de la prodigiosa lluvia, un traje verde que lo rejuvenece.

De ese árbol amistoso, amada, donde los pájaros construyen sus nidos, proviene una porción del oxígeno que nos permite respirar aire puro

Ese árbol, amada, más viejo que tú y que yo, morirá de pie, pero sus ramas y tronco se transformarán en leña para mantener el fuego que espanta al frío y cocina los alimentos o servirán de cimiento a la vivienda.

¡Vámonos, amada, hacia el prado a llenar nuestros pulmones de aire, gritar a todo pulmón nuestro amor, juguetear con las multicolores mariposas e intercambiar primorosas florecilla silvestres!

Nunca quisiera, amada, despedirme del árbol.

Nunca quisiera, amada, decirle adiós al prado.

¡Vámonos, amada, hasta la selva, para oír la mágica voz de los pájaros, de los insectos y de los lejanos animales salvajes!

Es increíble la selva, amada.

DIANA

El personaje Diana de la mitología griega, amada mía generosa en cariño, era la diosa de la caza, pero a la vez simbolizaba la virginidad y el nacimiento.

Diana Palmer, esposa, al fin, después de muchos años de noviazgo, de El Fantasma, el que nunca muere, el vengador de los débiles, el caminador, el ubicuo, ha sido para mí, desde mis primeros atropellados años, un personaje inolvidable.

Me declaro, aunque sean amores prohibidos, su enamorado eterno, al igual que de Luisa Lane, la novia de siempre de Superman, al que su coraza de hombre de fortaleza increíble le cierra las puertas de su corazón al amor.

Cómics únicos, vida mía, que los percibo reales porque me hacen vivir aventuras.

Personajes que nunca envejecen, como Periquita, como Mafalda, como Pepita la de Lorenzo Parachoques, como tú, como yo.

Pero si Diana, alma mía, simboliza la belleza espiritual extrema, escrito el nombre en minúscula significa la horripilancia, que quiero borrar de mi mente, del despertar con estrepitoso ruido, al alba, de los soldados que abandonan sus dormitorios en tropel para evitar el castigo horrendo de sus superiores.

Y es también una superficie redonda con círculos concéntricos que se utiliza como blanco en los polígonos de tiro.

¿Por qué, bien mío, diana tiene esa simbología extrema de crueldad guerrera y amor sublimizado?

BOLERO

Bailemos, bailemos, bailemos amada del alma,
sin prisa,

sin temor de que tus pies pisen los míos,

ni que los pies míos pisen los tuyos, este bolero
tan romántico.

¡Qué importa, amada, que no dominemos el arte
de la danza!

Estamos solos, en el rincón íntimo de nuestras
almas.

Nadie, excepto tú yo, se reirá de nuestra torpeza
en el baile.

Basta que yo sienta en mi cuerpo tu trémulo
aliento.

Basta que tú sientas en tu cuerpo el fuego
sublime del mío.

¡Qué dicha tan grande nos transmite el bolero
impregnando a nuestros espíritus abatidos por la
rutina el exacto amor de su letra y su música!

168

Vayamos, amor, a nuestra playa única a
compartir con las aves marinas

el néctar musical imaginario que nos regala el
bolero.

No importa que sea cursi

la letra del bolero.

Seamos banales, seamos cursis, seamos
anacrónicos.

¡Qué importa!

El bolero refleja nuestros estados de ánimo y nos
reconcilia con la vida.

¡Qué importa!

Nos gusta ser cursis.

La melodía del bolero que escuchamos y
bailamos torpemente

regala a nuestros espíritus la sensación exclusiva
de la felicidad.

¡Disfrutemos del bolero, antes de que sus
melodiosas notas se apaguen!

169

REINA
A Cruz Victoria

Tú, amada, tan generosa y tan galante, no tienes un trono con súbditos que te sirvan y alfombren de pétalos exquisitos de rosas amarillas, tulipanes, narcisos, orquídeas y flores silvestres de vivos colores, el suelo que tus delicadas sandalias pisan; payasos que iluminen con sus gracias y travesuras tu rostro que tanta ternura delata y es suave como el terciopelo y terso cual la piel angelical de una niña recién nacida y jardines de mirífica belleza, alimentados con agua de edénico manantial.

Pero en mi prodigiosa imaginación, amada consentida de las singulares musas que cada día me reconcilian con la poesía, toda tuya, como yo y como el aire que respiro, hay un palacio de sueños que construí para ti y para nuestros diminutos y amistosos duendes.

Allí, entre el cántico de esplendorosas, cautivantes y juguetonas avecillas disfrutamos de la música de un concierto único que purifica nuestros espíritus, fortalece nuestras vidas y nos transforma en seres felices, bien distantes de estorbosos ruidos y de terribles factores contaminantes.

En ese palacio, amada vivificante, luz que ilumina mis tormentosos caminos, oasis de aguas cristalinas en mis desiertos de escandalosas arenas, sólo tú eres la reina y yo tu sumiso lacayo que con extraordinaria agilidad cumple tus mimosos deseos.

www.ingramcontent.com/pod-product-compliance
Lightning Source LLC
Chambersburg PA
CBHW030636220526
45463CB00004B/1548